ASSESSMENT PACK

4

David Crossland

Heinemann Educational Publishers

Halley Court, Jordan Hill, Oxford OX2 8EJ

a division of Reed Educational & Professional Publishing Ltd.

OXFORD FLORENCE PRAGUE MADRID
ATHENS MELBOURNE AUCKLAND
KUALA LUMPUR SINGAPORE TOKYO
IBADAN NAIROBI KAMPALA
JOHANNESBURG GABORONE
PORTSMOUTH NH (USA) CHICAGO
MEXICO CITY SAO PAULO

Acknowledgements

The author and publisher would like to thank the following for permission to reproduce copyright material:
Bayard Presse International for use of extracts from **Okapi** and **Phosphore**.

Illustrations by Grahame McKay Black, David Lock, Michael Spencer and Mike Whelan

First published 1996

97 98 99 10 9 8 7 6 5 4 3 2

ISBN: 0 435 37453 2

Produced by Michael Spencer

Printed and bound in Gateshead, Tyne & Wear by Athenaeum Ltd

Contents

 Introduction

The **Avantage 4** Assessment Pack provides end-of-module tests which are fully in line with GCSE examinations for 1998 onwards.

There is a test for each of the ten modules in **Avantage 4**, thus providing regular opportunities for students to check how they are doing. In addition to motivating learners by giving a sense of progress, the tests help to familiarise students with the type of questions which they will encounter in the exam.

It is not expected that teachers will use all the tests. They are provided as a bank on which to draw, as appropriate. An interim test covering material from Modules 1-5 is provided for use as a cumulative exam towards the end of Year 10.

Differentiation

The tests are divided into listening, speaking, reading and writing. Each test has three sections:

a Foundation section
(broadly equivalent to Grades E, F and G);

a Foundation/Higher section
(broadly equivalent to Grades C and D);

a Higher section
(broadly equivalent to Grades A*, A and B).

It is assumed that students following **Avantage 4** Vert would generally take the first two sections and that those following **Avantage 4** Rouge would take the last two sections. However, the flexible structure of the tests means that they can be used in a variety of ways, as appropriate.

Answers and mark schemes

Answers and mark schemes are provided at the back of this file (pages 112-118). Full answers are given for the listening and reading tests. For the productive skills, criteria for positive marking have been suggested. The mark schemes do not attempt to show how total marks achieved correspond to particular GCSE grades.

Scope of the tests

At GCSE the parts of the examination which target grades C/D and above will test some words which are not on the minimum core vocabulary list in the syllabus. To reflect this, the following criteria have been applied to the tests:

At Foundation level, only vocabulary which has been taught in the Module is tested.

At Foundation/Higher level a limited number of words from outside the module may be tested. These words are of the type which students might be expected to know anyway or which are easy to look up in a dictionary (e.g. a noun rather than part of a verb).

At Higher level a greater number of items from outside the Module are tested. It is assumed that students will have access to dictionaries in the reading and writing tests.

Note: some very common language areas, e.g. numbers and prices, may be included in the tests even if the language has not arisen in the module.

Rubrics

As in the GCSE examinations, the rubrics and questions are in the target language except where the nature of the task is an interpreting one. A list of the main rubrics used, with their English translations, is provided on page 12. This can be photocopied for students.

Format of the tests

Listening

Foundation

Short items, including brief conversations, announcements, messages etc.

Foundation/Higher

Some longer items, including reference to past, present and future events.

Higher

Longer items, involving a range of registers and some complex, unfamiliar language. Items include discussions and tasks involve recognising opinions and feelings.

The listening material is reproduced once on the cassette. Each item should be played at least twice. There is a full tape transcript at the back of this file (pages 119-128).

Speaking

The speaking test consists of three parts – rôle-play, general conversation and oral presentation.

There are three rôle-plays of increasing difficulty. The starter questions for general conversation are divided into Foundation and Higher. The oral presentation is the same for all levels. The presentation could be recorded on cassette for homework. (Always insist that cassettes are rewound before homework is handed in.)

Again, it should be stressed that it is not intended that all the tests are used. Teachers may prefer to assess progress in speaking by listening to students when they are doing oral pairwork during the course of normal lessons.

Reading

Foundation

Short items, including signs, notices and messages.

Foundation/Higher

Longer items, e.g. letters, including reference to past and future events.

Higher

Longer items, including some complex and unfamiliar language in a range of registers. Some questions involve recognising opinions, attitudes and feelings.

Writing

Foundation

List writing or completing a form.

Foundation/Higher

Message writing, postcards etc.

Higher

Formal and informal letter writing involving reference to past, present and future and expressing opinions.

Coverage of GCSE topics in the tests

Numbers refer to the Modules of **Avantage 4**.

The levels are referred to as:
- F (Foundation)
- F/H (Foundation/Higher)
- H (Higher)

Area A	Listening	Speaking	Reading	Writing
Language of the classroom	Classroom language is not tested discretely. It will inevitably arise naturally in the speaking tests. Most rubrics are, of course, in the target language.			
School	2 F F/H H	2 F F/H H	2 F F/H H	2 F F/H H
Home life	4 F 5 F/H H	4 F 5 F H	4 F/H H 5 F F/H	
Media	9 F F/H H	9 F H	9 F H	9 F F/H
Health and fitness	8 F F/H H 8 F F/H H	8 F H 8 H	6 H 8 F F/H H	8 H
Food	6 F F/H H	6 F F/H H	6 F F/H H	6 F F/H H

Area B	Listening	Speaking	Reading	Writing
Self, family and friends	1 F F/H H 4 F H 5 F/H H	1 F 4 F H 5 F 9 F/H	1 F F/H H 4 F H 9 F	1 F 4 F F/H 9 F/H
Free time, holidays, special occasions	8 F F/H H	7 H 8 F F/H H	5 F/H H 8 F F/H 9 F/H	5 F/H H 8 F/H
Introductions, receiving visitors etc.	5 F/H	5 F/H	5 H	
Arranging a meeting or activity	8 F H	8 H		8 F
Going out to the cinema etc.	9 F	9 F	9 F	
Teenage problems			2 H 4 F/H H	

	Listening	Speaking	Reading	Writing
Area C				
Home town, local environment, customs	5 F F/H 7 F/H H 10 F H	5 F 7 H	7 F/H H	5 F H 7 F H
Finding the way	2 F 3 F/H 5 F 7 F	5 H	2 F 7 F/H	
Shopping	4 F F/H 7 F F/H H	4 F F/H H 6 F 7 F F/H	4 F F/H 5 F 6 F 7 F F/H H	4 H 7 F/H
Public services	7 H	7 F	4 F/H 7 F	
Getting around	7 F/H 9 F/H 10 F F/H	10 F	10 F H	
Weather	5 F H 9 F F/H H		5 F F/H H 9 F	
Area D				
Further education and training	1 F F/H	1 F/H H		
Careers and employment	1 F F/H H	1 F F/H H	1 F F/H H 3 F	1 F/H H 3 F H
Advertising and publicity			10 F	
Communication	3 F F/H H	3 F F/H H	3 F	
Area E				
Life in other countries/communities	6 H 7 F	7 F/H		
Tourism	10 F H	10 F H	10 F/H H	10 F/H H
Accommodation	10 F/H H	10 F/H H	7 F 10 F F/H	10 F
The wider world	7 H		2 H 7 H	

Avantage 4 Assessment Pack © Heinemann Educational 1996   Special copyright conditions apply.

Coverage of GCSE topics in Avantage 4

Numbers refer to the Modules of **Avantage 4**.

The chart applies to both Vert and Rouge.
(V) means that the topic appears in Vert only.
(R) means that the topic appears in Rouge only.

Module 1	Choisir sa voie		Module 6	La bouffe
Module 2	Au collège		Module 7	En ville
Module 3	Au boulot		Module 8	Relaxez-vous
Module 4	Les ados		Module 9	Médiathèque
Module 5	Chez moi		Module 10	On s'en va

Area A

Classroom language	throughout		Media	
School			Simple info: TV, radio, music	9
Subjects and facilities	1, 2		Progs. recently seen etc.	9
Opinions and reasons	1		Opinions	9
School routine	2		Narrating plot	9(R)
Extra-curricular activities	2		**Health and fitness**	
Types of school	2(R)		Pains and discomforts	8
Home life			Ask for things at chemist	8
Jobs around the home	5		Arrange appointment	8
Type of house	5		Healthy lifestyles	6
Home and its location	5		**Food**	
Rooms in house	4, 5		Opinions	6
Location of rooms	5		Accept/decline offers	6
Mealtimes	6		Ask for food/table items	6
			Ordering/paying etc. in a restaurant	6
			Opinions	6
			Recipes	6
			Complaints	6(R)

Area B

Self, family and friends			**Personal relationships and social activities**	
Personal info/descriptions	1, 4, 8(R)		Greetings	3
Spelling name etc.	3		Asking/saying how you are	3
Feelings about others	4(R), 5(R)		Introductions	3(V), 5
Free time, holidays and special occasions			Welcome visitor	3(V), 5(R)
Hobbies/interests	8		**Arranging meeting/activity**	
Opinions	8		Suggestions	8
Recent holidays/leisure activities	8		Invitations	8
Preferences/alternatives	8		Meetings: time/place	8
Discussion	8(R)		**Leisure and entertainment**	
Info about leisure facilities	8		Ask what's on	9
Pocket money	2, 7		Opinions	9

Area C

Home town, local environment, customs	
Descriptions of home town etc.	5
Show visitor round	7
Travel to town	7, 10
Festivals	8
Weather/seasons	5, 9
Comparisons	5

Finding the way	
Directions	7, 10

Shopping	
Shops/supermarkets	7
Opening times	7, 10
Asking for things	4
Quantities	6
Opinions about clothes	4, 7

Public services	
Ask for post office etc.	7
Buying stamps	7
Exchanging money	7

Getting around	
Getting into town	7
Signs and notices	10
Ask about bus to a place	7
Location of facilities	10
Buying tickets	10
Lost property	2(V)
Buy fuel	10(V)
Breakdowns	10

Area D

Further education/training	
Future plans	1

Careers and employment	
Jobs, work experience	1, 3
Spare time jobs	3
Opinions	1
Occupations	1
Application	1(R), 3(V)

Advertising/publicity	
Publicity and advertisements	8

Communication	
Telephone numbers	3
Answer/make call	3
Take/leave message	3
Understand call box instructions	7(V)

Area E

Life in other countries	
Money	throughout

Tourism	
Holidays (with whom/where/ how long etc.)	10
Previous holiday	5, 10
Opinions about excursions, sightseeing etc.	10
Tourist information	10

Accommodation	
Book accommodation (availability, type of room, cost etc.)	10
Facilities	10
Youth hostel	10
Campsite	10

The wider world	
Names of common countries	1
Describing a region	5
Conservation	5
Uniforms, rules etc.	2
Fashion	4
Smoking, drugs, alcohol	4, 8
Famous personalities	1(R), 4(V)

Avantage 4 Assessment Pack © Heinemann Educational 1996   Special copyright conditions apply.

GCSE coursework tasks (Writing) matching chart

Avantage covers the coursework in the GCSE syllabuses by providing material which either leads into the various assignments or which includes the assignment itself.
The following chart shows the relevant **Avantage 4** unit.

Key

L	London
N	NEAB
M	MEG
S	SEG
2A	Module 2, unit A
RV	Rendez-vous
JB	Je bouquine
—	not required at this level

	Board	Vert	Rouge
Area A			
Labelled plan of a house	L	RV5	—
Account of a typical day	L	2A	2A
Division of household chores	L	—	5C
Favourite recipe	L	6C	6B
Account of visit to restaurant	L	6A, B	6A
Shopping list for a picnic	L	6A	—
Critique/report on French TV/Radio	N	9A	9A
Imaginative response to a French song	N	•	9A
Poem about school	L	2	2
Letter to penfriend about school	L	2A	—
Survey about school reports etc.	L	—	2B
Design a new school uniform	N	2C	2B
The school of the future	N	2A, B	2
Captions about health and fitness for a poster	L	4B, 6B, 8A, B, C	—
Letter to newspaper about health issue	L	—	4A, 6B, C 8A, B, C
Am I fit?	N	4B, 6B 8A, B, C	4A, 6B, C 8A, B, C
Note saying you have an appointment	S	3A	3A
Describe a visit to a doctor	S	8B	8B
Area B			
Family tree	L	RV1, 5C	—
Description of someone	L	1B, C, 4B, 8B	1B, C, 4A etc.
Fill in a form to find a penfriend	L	1B, C	—
Letter introducing yourself	L	1B, C etc.	1B, C etc.
List of what you spend your money on	L	7A	—
Letter to an agony aunt with a reply	N, L	•	8B
Profile of a well known person from a French-speaking community	N	4C	1C
From an interview with a visitor write notes to lead to a short article	M	1B, C, 4B	1B, C, 4A etc.
Diary recording free time activities	L	8A	8A
Survey of leisure activities	L	8A	—
Diary of a catastrophic weekend	N	5B	7B
Organise a booking/meeting place	S	RV3	3A
Review of a book/TV programme	L	—	9A
Narrate the story of a short film or book	M	—	9A
After reading an article on a theme of current interest, write to a foreign language newspaper expressing your point of view and explaining your position	M	—	7C
Produce a piece of expressive writing e.g. a piece of verse/short story/sketch	M	—	7B

	Board	Vert	Rouge
Area C			
Labelled plan or map of local area	L	5B, C	—
Captions for poster about home town	L	5B, C	—
Postcard about home town	L	5C	—
List of/description of local attraction(s)	L	5B, C	—
Letter saying what facilities there are in your area	L	5A	5A
Survey about facilities for young people	L	5C	5A
A leaflet advertising your local area	N, L	5C, 7C	5A, 7B
Write letter asking for information about country	M	7C	7A
Write a portrait of town or village following exchange visit	M	5C	7B
Enquire about places of interest	S	5B, C	5A
Give an account of a sightseeing expedition	S	5B	5B
Discuss relative merits of towns, attractions etc.	S	5A, C, 7C	5A
Give/seek information about a specific area, expressing an opinion	S	5A	5A
Captions for poster on environmental issue	L	•	—
Letter to newspaper about environmental issue	L	—	5A, 7C
Give an account of a robbery	L	9B	9B
Travelling from the UK to France	N	10A	10A
Give details of an intended journey or one already made	S	10A	10A
Organise travel, bookings etc.	S	10A, B	10A, B
Give an account of an accident	S	9B	9B
Comment on past/present/future weather conditions	S	9B, 10A	5A, 9B
Exchange information about weather and seasons in one's home country	S	5A	5A
Give directions/instructions about how to get to a place	S	10C	7B, 10B
Special traditions and customs in the UK	N	8C	8B
Discuss customs, festivals, specialities	S	8C, 6C	8B, 6B
Design a poster for a new product	M	6A, B, 7A	6A, B, 7A
Shopping list	S	7A	7A
Discuss shopping possibilities	S	7B	7C
Describe shopping expedition	S	7A, B	7B, C
Explain/complain that something is broken etc.	S	•	7A
Explain what one has lost, when, where etc.	S	2B	2A
Area D			
Advantages and disadvantages of work experience	L	—	3C
Leave a message at work saying why you'll be late	L	3A	—
Postcard describing holiday job	L	3C	—
Diary of work experience/holiday job	L	•	3B
Curriculum vitae and letter of application	L, M, N	3C	3B
Seasonal work for young people in a French-speaking community	L, N	—	3B
Your ideal future job	L, N	1A, B	1A, B
Area E			
Account of worst day of holiday	L	5B, 10A	7B, 10A
List of clothes for holiday	L	4A	—
Letter giving visitor details of his/her visit to UK	L	10B	5B, 10B
Letter to tourist information	L, S	7C	7A
Letter to hotel asking for information	L, S	10A	10A
Account of a holiday/exchange	L, M, N	5B, 10A	5B, 10A
Past/present/future holidays	S	10A	10A
Complete a booking form for a hotel, gite or campsite	M	10A	10A
Planning a holiday in a French-speaking country	N, M	10A, B	10A, B
An area of a French-speaking country	N, M	7C	5B, 7B
Diary of events in a French-speaking country	N	5B	5B
Article about someone in the news	L	—	1B, C
Magazine interview with a personality	L	1A, B	4B
Advert to promote environmental campaign	N	•	5A, 7C
Account of an environmental issue	N	•	5A, 7C
Read the account of a journey/adventure/unusual experience and write the diary entries of the person involved	M	5B	JB3

Avantage 4 Assessment Pack © Heinemann Educational 1996   Special copyright conditions apply.

List of rubrics used in the tests

Listening

Cochez	Tick
Complétez (en français) les détails sur la fiche	Complete (in French) the details on the form
Copiez	Copy
Ecoutez	Listen
Ecrivez	Write
Encerclez	Circle
Faites correspondre	Match up
Indiquez (dans le bon ordre [1, 2, 3])	Show (the right order)
Laissez un blanc si nécessaire	Leave a blank if necessary
Remettez dans le bon ordre chronologique	Put in the right order
Soulignez	Underline
Vrai ou faux	True or false

Speaking

Achetez	Buy
Commencez	Begin
Décrivez	Describe
Demandez	Ask
Faites une présentation	Give a presentation
Inventez (si nécessaire)	Invent (if necessary)
Notez les réponses	Note down the answers
Parlez de	Talk about
Posez des questions	Ask questions
Préparez-vous (pour)	Prepare (for)
Répondez	Answer

Reading

Changez	Change
Choisissez (dans cette liste)	Choose (from this list)
Complétez	Complete
Copiez	Copy
Dessinez (les symboles)	Draw (the symbols)
Ecrivez	Write
Faites correspondre	Match up
Laissez (les cases vides)	Leave (the boxes empty)
Lisez (cet extrait)	Read (this extract)
Mettez dans le bon ordre	Put into the right order
Remplissez les blancs	Fill in the blanks
Tracez une ligne	Draw a line

Writing

A vous de	Now you
Changez	Change
Décrivez	Describe
Demandez	Ask
Donnez des exemples	Give examples
Donnez vos opinions	Give your opinions
Ecrivez	Write
Imaginez	Imagine
Lisez	Read
N'oubliez pas de	Don't forget to
Parlez (de)	Talk (about)
Préparez	Prepare
Racontez	Write about
Remplissez	Fill in

Questions

A quelle heure … ?	At what time … ?
A votre avis … ?	In your opinion … ?
Lequel/Laquelle … ?	Which one … ?
Pourquoi … ?	Why … ?
Quand (est-ce que) … ?	When … ?
Que veut dire … ?	What does … mean ?
Quel/Quelle … ?	Which/What … ?
Qui … ?	Who … ?

Listening Test: Foundation

1 Complétez (en français) les renseignements sur la fiche. [5]

Nom	_____
Prénom	*Jean-Michel*
Age	_____
Date d'anniversaire	_____
Taille	_____
Yeux	*bruns*
Cheveux	_____

2 Indiquez quelle personne **n'aime pas** son travail:

Ecrivez a, b, c, d. [☐]

[1]

3 Indiquez dans le bon ordre chronologique (1, 2, 3) les différents métiers de cette personne. [3]

4 Complétez, en écrivant le bon métier. Choisissez parmi la liste. [3]

a) Cette personne est _____ .

b) Cette personne est _____ .

c) Cette personne est _____ .

facteur	agriculteur
instituteur	agent de police
vendeuse	cuisinier
infirmière	serveuse

5 Indiquez la bonne page pour chaque personne qui parle. [3]

a) _____
b) _____
c) _____

	page		page
Agriculture/horticulture	12	Info/communication	29
Arts et arts appliqués	15	Mécanique	33
Banque-Bureautique	17	Santé	37
Bâtiment	19	Social	39
Cosmétique et esthétique	22	Sciences et techniques	41
Hôtellerie/restauration	27	Tourisme	45

Listening Test: Foundation/Higher

1 <u>Soulignez</u> la phrase qui décrit le mieux la personne qui parle. [1]

    a) J'ai beaucoup d'imagination.

    b) Je ne veux pas travailler pour quelqu'un d'autre.

    c) Je n'ai jamais eu une vraie ambition.

    d) J'ai le sens pratique, et j'aime fabriquer des choses, avec mes mains.

2 Cochez (✔) les bonnes cases. [4]

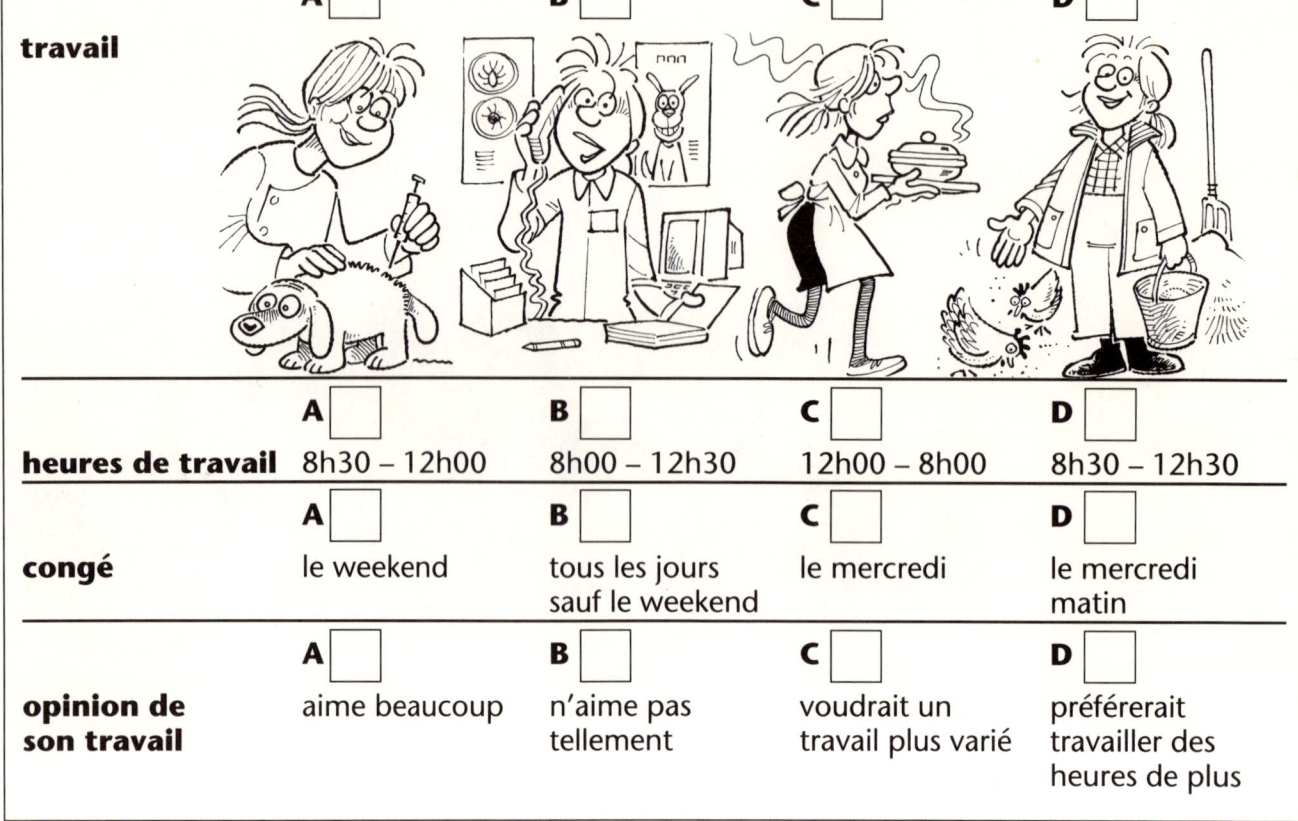

	A	B	C	D
travail				
heures de travail	8h30 – 12h00	8h00 – 12h30	12h00 – 8h00	8h30 – 12h30
congé	le weekend	tous les jours sauf le weekend	le mercredi	le mercredi matin
opinion de son travail	aime beaucoup	n'aime pas tellement	voudrait un travail plus varié	préférerait travailler des heures de plus

3 Indiquez **vrai** (V) , **faux** (F) ou **on ne sait pas** (?). [4]

    a) Il veut travailler à l'extérieur.   _____

    b) Il n'aime pas les animaux.   _____

    c) Il ne se lève pas facilement le matin.   _____

    d) Il aimerait travailler avec d'autres personnes. _____

4 Answer in ENGLISH.

    Make a list of Daniel's sister's **good** and **bad** points. [6]

    GOOD POINTS   **BAD POINTS**

    _____   _____

    _____   _____

    _____   _____

● *Listening Test: Higher*

1 Indiquez dans le bon ordre chronologique (1, 2, 3) les différents métiers de cette personne. [3]

2 Copiez la bonne description pour chaque personne. [5]

Nathalie _____

Jean-Jacques _____

Gérard _____

Christine _____

Béatrice _____

parle trop
est fort en toutes les matières
n'aime pas les cours à l'école
a très peu de confiance
fait beaucoup d'efforts en classe

3 Indiquez (en français) la principale différence entre
ce qu'il/elle fait maintenant et **ce qu'il/elle faisait avant**. [3]

a) Maintenant il _____

b) Maintenant elle _____

c) Maintenant il _____

4 Answer in ENGLISH.

Write down **who** each person is like, and in what way (**how**). [9]

WHO **HOW**

a) _____ _____

_____

b) _____ _____

_____

c) _____ _____

_____

Avantage 4 Assessment Pack © Heinemann Educational 1996 Special copyright conditions apply.

Speaking Test

Foundation

Votre meilleur(e) copain/copine

Voici des informations sur votre meilleur(e) copain/copine. Répondez aux questions.

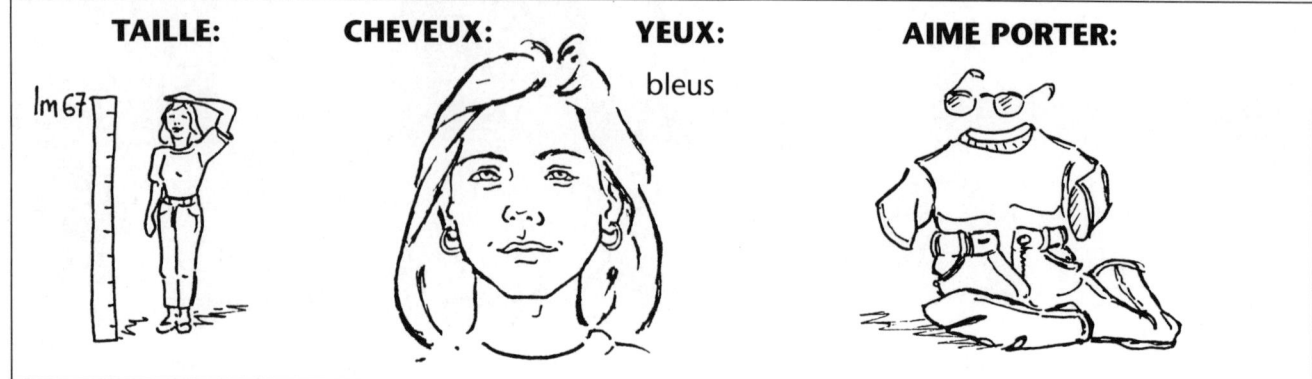

Foundation/Higher

Une interview

Parlez de votre ambition. Répondez aux questions.

Higher

Un job pour les vacances

Décrivez un job que vous avez eu pendant les dernières vacances.

Oral presentation

Suggested topic: **Ma famille et moi**

● Speaking Test: Teacher's card

Rôle-play
Teacher's questions

Foundation

Décrivez votre meilleur(e) copain/copine.

Il/Elle mesure combien?

Comment sont ses cheveux et ses yeux?

Qu'est-ce qu'il/elle aime porter?

Foundation/Higher

Quelle sorte de travail voudriez-vous faire?

Vous préférez travailler seul(e)?

Vous voulez travailler en France?

(+ unpredictable element) Quelle sorte de personne êtes-vous?

Higher

Où avez-vous travaillé?

Que faisiez-vous exactement?

A quelle heure commenciez-vous?

Vous aviez combien de temps pour la pause-déjeuner?

Vous gagniez combien?

+ extra (unpredictable) questions:

Vous avez aimé ce travail?

Que voulez-vous faire avec l'argent que vous avez gagné?

General conversation
Teacher's questions

Foundation

- Vos parents travaillent?
  (Votre père/Votre mère travaille?)

- Où ça? C'est loin de la maison?

- Il/Elle commence/finit à quelle heure?

- Il/Elle aime son métier? Pourquoi?

- Décrivez-vous physiquement.

- Quelles sont les qualités de votre meilleur(e) ami(e)?

Higher

Ask the foundation questions then ask the following questions:

- Qu'est ce que vous voudriez étudier dans le 'sixth form'?

- Quelles sont les matières les plus importantes, pour vous?

- Quelle est votre ambition? Pourquoi?

- Quelle était votre ambition quand vous étiez plus petit(e)?

- Décrivez vos meilleures qualités.

- Quels sont vos défauts?

- Est-ce que vous ressemblez à quelqu'un dans votre famille?

Avantage 4 Assessment Pack © Heinemann Educational 1996 Special copyright conditions apply.

Reading Test: Foundation

1 Answer in ENGLISH.

List in English the qualities required
for this job. [4]

_____

_____

_____

_____

> *Etes-vous ambitieux/travailleur?*
>
> *Aimez-vous être avec d'autres jeunes?*
>
> *Avez-vous beaucoup de confiance en
> vous-même?*

2 a) Pour quelqu'un qui voudrait travailler comme maçon, c'est quelle page? _____

b) Pour quelqu'un qui voudrait travailler comme infirmière, c'est quelle page? _____

c) Pour quelqu'un qui adore travailler avec les ordinateurs, c'est quelle page? _____

[3]

	page		page
Agriculture/horticulture	8	Info/communication	25
Arts et arts appliqués	11	Mécanique	29
Banque-Bureautique	13	Santé	33
Bâtiment	15	Social	35
Cosmétique et esthétique	18	Sciences et techniques	37
Hôtellerie/restauration	23	Tourisme	41

3 Complétez en français. [2]

a) Mon jour favori à l'école, c'est .... parce qu'il y a
deux heures de sport.

b) Le jour que je déteste le plus, c'est .... parce que
nous avons deux langues étrangères, et moi je n'aime pas ça.

	LUNDI	MARDI	MERCREDI	JEUDI	VENDREDI	SAMEDI
8-9h	géo	maths	anglais	histoire	français	anglais
9-10h	français	anglais	travaux manuels	dessin	informatique	géo
10-11h	maths	histoire	maths	sciences	sciences	chimie
11-12h	anglais	dessin		maths	sciences	
2-3h	éducation physique	informatique		musique	éducation physique	
3-4h30	histoire	allemand		français	éducation physique	

Reading Test: Foundation/Higher

1 Lisez le texte, et cochez (✔) les trois images qui illustrent bien les préférences de cette personne.   [3]

> J'aimerais beaucoup travailler avec d'autres personnes, surtout avec des petits, car je n'aime pas beaucoup être tout seul. Travailler à l'extérieur serait agréable pour moi, surtout parce que j'aime bien le sport. Ce n'est pas bien payé, mais l'argent ne m'intéresse pas tellement.

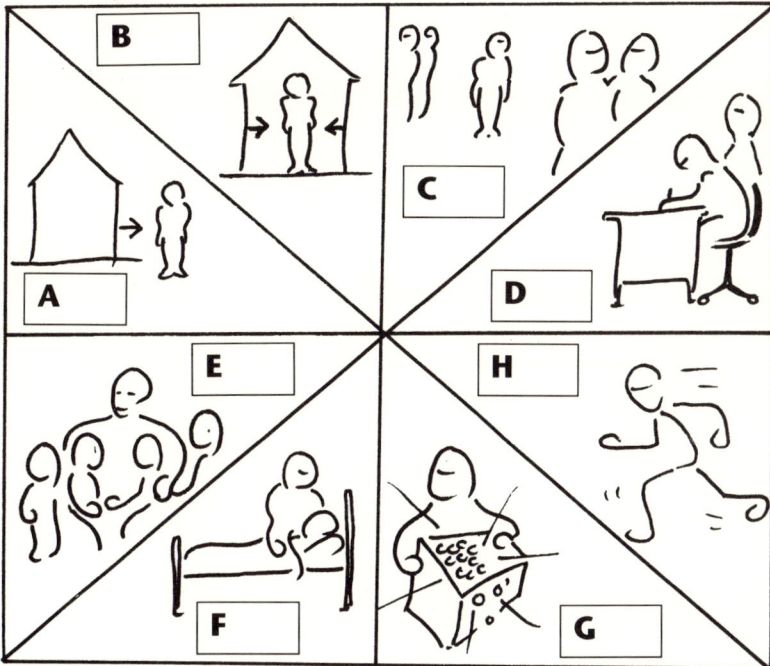

2 Lisez cet extrait d'une lettre d'une famille qui cherche une jeune fille au-pair.
Remplissez les blancs. Choisissez dans cette liste.   [8]

enfants
humour
aider
semaine
énergie
repas
heures
magasins

Nous cherchons quelqu'un qui peut nous .... avec nos deux petits .... et qui préparera les .... pour toute la famille. Il faudra aussi aller aux .... deux ou trois fois par ....

Il lui faudra les qualités suivantes: beaucoup d' .... , de la patience, et un sens de l' ....

Nous cherchons quelqu'un qui est prêt à travailler de longues .... irrégulières.

3 Answer in ENGLISH.
This is part of an article about being a nurse.

a) Note two qualities which are required.

_____

_____ [2]

b) How long does it take to study to become a nurse?

_____ [1]

© Bayard Presse Okapi No. 554

Si ça vous intéresse ...

- Qualités: Il faut aimer les autres et savoir se dévouer. La patience est une qualité essentielle.
- Études: Elles durent trois ans et se déroulent dans des Instituts de formation en soins infirmiers. On y entre après le bac sur concours.
- Métiers: L'infirmière peut aussi être spécialisée et travailler en salle d'opération, pour assister le chirurgien ou le médecin-anesthésiste.
Enfin, on peut exercer ce métier à domicile.

 # Reading Test: Higher

1 Répondez.
Qui dans la famille a, comme Céline, …

a) les cheveux blonds?

_____ [1]

b) le même sens de l'humour?

_____ [2]

c) beaucoup d'énergie?

_____ [1]

> Tu m'as demandé si je ressemble à quelqu'un de ma famille. Tu sais que maintenant, j'ai les cheveux bruns, comme papa — pourtant, quand j'étais enfant, à l'âge de deux ou trois ans, j'avais les cheveux plutôt blonds, comme ceux de ma grand-mère. Mon père et son frère aiment bien rigoler tous les deux, alors je crois être un peu comme eux. Mais papa et maman sont assez calmes, donc il est difficile de comprendre pourquoi mon frère et moi sommes si actifs.

2 Lisez les réponses. Qui n'est pas influençable? _____ [1]

Voici la question d'aujourd'hui:

«Est-ce que vos grands frères et vos grandes sœurs vous influencent dans vos idées, vos goûts, vos choix?»
Cécile

J'ai deux frères (17 et 20 ans) et je me sens très influencée par eux deux. Car eux sont adolescents, et moi, je suis en train de le devenir; j'ai donc besoin d'un exemple. Je prends exemple sur eux.
Manon

Salut Cécile!
Comme toi, mon grand frère m'influence beaucoup. Souvent, quand il aime quelque chose (musique, films, habits etc.), c'est pareil pour moi.
Audrey

Salut Cécile! Si tu veux tout savoir, je suis exactement comme toi.
Géraldine

Chère Cécile, ta question m'intéresse particulièrement et concerne beaucoup de personnes. J'ai presque 12 ans, et j'ai une grande sœur de 14 ans.
Moi personnellement, je ne me laisse pas influencer par ma sœur. Si je veux acheter telle ou telle chose, je l'achète et ne lui demande pas son avis.
Aline

Oui, je me laisse influencer par mes frères et sœur. Ça dépend tout de même sur quoi.
Sarah 13 ans

3 Answer in ENGLISH. Read this extract from a penfriend's letter.
She has recently been working in a local supermarket as a holiday job.

a) What time does the penfriend have to get up?

_____ [1]

b) How does she feel about this?

_____ [1]

c) What two things does she do as part of her work?

_____ [2]

d) What good points does she write about her job?

_____
_____
_____ [3]

e) What three drawbacks are there?

_____
_____
_____ [3]

> Tu m'as demandé comment je trouve mon travail. Je dois avouer que c'est dur de se lever avant sept heures du matin pendant les grandes vacances. Je commence à huit heures moins le quart six jours par semaine. Je dois ranger les chariots et ramasser les papiers dans le parking; je dois aussi aider à la caisse quelquefois, quand les employés permanents sont au déjeuner.
>
> Les avantages? C'est pas mal payé, et je travaille la plupart du temps en plein air. Je peux porter les vêtements que je veux.
>
> Les inconvénients? C'est fatigant, et les heures sont longues. En plus, je n'ai qu'une demi-heure de libre dans la journée.

Writing Test

Foundation

Remplissez en français cette fiche pour vous.

Ma fiche d'identité

nom	_____	cheveux	_____
prénom	_____	taille	_____
âge	_____	caractère	_____
anniversaire	_____		_____
yeux	_____	famille	_____

Foundation/Higher

Lisez la lettre; écrivez deux paragraphes (80 mots).

Parlez   ... du travail de tes parents
           ... des matières que tu aimes et n'aimes pas
           ... de ton ambition.

> Récemment, ma mère a changé de travail. Maintenant elle travaille chez un photographe; elle travaille à mi-temps, et elle s'occupe du magasin et des commandes. Papa travaille depuis cinq ans dans une usine qui fabrique des pièces de voiture; l'usine est assez loin de la maison, et papa y va en autobus. Que font tes parents dans la vie?
>
> Moi j'aimerais être dentiste. Si cela n'est pas possible, je voudrais être représentant de commerce. A l'école je suis assez fort en sciences naturelles, et j'aime beaucoup ça. J'aime aussi le français et les langues (l'anglais et l'allemand). Je trouve les langues assez faciles, et très utiles. Ce que je n'aime pas, c'est l'histoire-géo - je pense que c'est du temps perdu.

Higher

Ecrivez un article (100-120 mots) sur un travail que vous avez fait. (Imaginez, si nécessaire.)

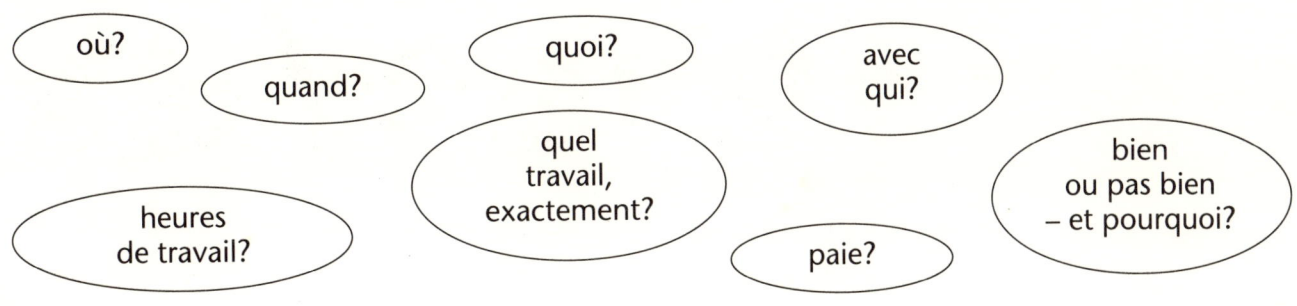

où?   quand?   quoi?   avec qui?   heures de travail?   quel travail, exactement?   paie?   bien ou pas bien – et pourquoi?

Avantage 4 Assessment Pack © Heinemann Educational 1996 Special copyright conditions apply.

Listening Test: Foundation

1 Indiquez (B) sur le plan **la bibliothèque**. [1]

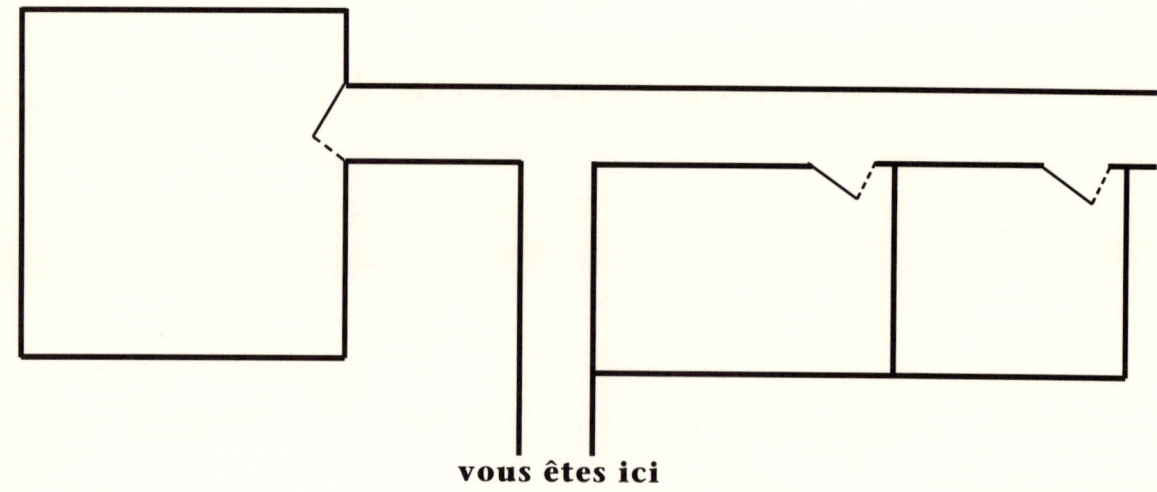

vous êtes ici

2 Indiquez comment ce garçon va à l'école. Encerclez la bonne image. [1]

3 a) Indiquez le cours (✔). [1]

b) C'est dans quelle salle de classe? _____ [1]

c) Le déjeuner, c'est à quelle heure? _____ [1]

4 Un élève parle de son école. Indiquez les deux cours que cet élève **préfère** (✔) et les deux cours que l'élève **déteste** (✗). [4]

5 Indiquez le nombre de personnes dans sa classe. ☐ [1]

Listening Test: Foundation/Higher

1 Complétez: écrivez la note. [4 ÷ 2]

Français	_____
Mathématiques	_____
Allemand	*12,5*
Physique	*11*
Biologie	_____
Technologie	_____

2 Indiquez combien d'heures de devoirs par semaine, pour chaque matière. [5]

2h 30   ....

3 Pour (✔) ou contre (✗) les devoirs? Ou pas décidé (❓)? [5]

	(✔)	(✗)	(❓)
Arnaud			
Béatrice			
Catherine			
David			
Edith			

4 Qu'est-ce qu'elle va faire mercredi après-midi? Indiquez (✔) les **trois activités** projetées. [3]

a) Elle va faire ses devoirs. ☐

b) Elle va téléphoner à des amies. ☐

c) Elle va aller à l'école. ☐

d) Elle va ranger sa chambre. ☐

e) Elle va sortir dans le jardin. ☐

f) Elle va faire les magasins avec sa copine. ☐

Listening Test: Higher

1 Quelle est l'opinion de cette élève? Encerclez la bonne phrase. [1]

a) C'est un excellent prof, sans défaut.

b) En somme, c'est un bon prof.

c) Je trouve que c'est le meilleur prof de l'école.

d) Il est insupportable. Tout le monde le déteste.

2 Indiquez (✔) si ça concerne **l'année dernière**, ou **cette année**. [3]

	l'année dernière	cette année
un bon professeur de maths		
une ou deux heures de devoirs		
classes le samedi		

3 Complétez les détails sur la fiche. Ecrivez **?** si on ne sait pas. [12 ÷ 2]

COLLEGE: Emile Zola

Construit en ....

Nombre d'élèves ....   *Nombre de garçons* ....

Nombre de filles ....

Nombre de professeurs ....

  Professeurs travaillant à plein temps ....

  Professeurs travaillant à temps partiel ....

Les cours commencent à ....

Les cours finissent à ....

L'heure du déjeuner dure .... *minutes*

Les activités extra-scolaires pendant le déjeuner ....

Pour obtenir des renseignements sur le collège ....

● Speaking Test

Foundation

Posez quatre questions pour compléter l'emploi du temps.

? – 8.55	9.00 – 9.55	10.10 – 11.05	11.10 – 12.10
ANGLAIS	?	MUSIQUE	HISTOIRE-GEO
M. Lefèvre	Mlle Tournon	?	Mme Leduc
Salle 14	Salle 6	Salle 17	?

Foundation/Higher

Vous êtes cette personne. Les images montrent votre routine. Répondez aux questions.

Higher

C'est la fin de votre journée au collège.

Parlez de votre journée.

	Lundi
08h30	MATHS Salle 207
09h30	ANGLAIS Salle 302
10h25	
10h40	E.P.S.
11h30	E.P.S.
12h30	
14h30	HISTOIRE-GÉO Salle 316
15h30	FRANÇAIS Salle 303
16h30	ESPAGNOL Salle 301
17h30	

Oral presentation

Suggested topics: **Au collège**
or
Quand j'étais à l'école primaire

Avantage 4 Assessment Pack   © Heinemann Educational 1996   Special copyright conditions apply.

● Speaking Test: Teacher's card

Rôle-play

Foundation

Teacher's answers

(Questions expected concern:
      time first lesson begins;
      second lesson of day;
      name of teacher for third lesson;
      room for fourth lesson.)

Huit heures.

Sciences.

Monsieur Grattier.

Salle 9.

Foundation/Higher

Teacher's questions

1   Vous vous levez à quelle heure, d'habitude?

2   Que faites-vous à 8h?

3   Le voyage en bus dure combien de temps?

4   (unpredictable element:)
    Aujourd'hui, qu'est-ce que vous avez fait
    pendant le voyage en bus?

Higher

Teacher's prompt questions

These can include:

- Vous avez commencé à quelle heure?

- Quel était votre premier cours?

- Vous avez fait quels cours?

- Qu'est-ce que vous avez aimé/n'avez pas
  aimé?

- Pourquoi (pas)?

- Qu'est-ce que vous avez fait pendant la
  récréation?

(Many of the questions have an unpredictable
element.)

General conversation

Teacher's questions

Foundation

- Vous aimez quelles matières à l'école?

- Et quelles matières est-ce que vous n'aimez
  pas?

- Quel est votre cours préféré?

- Vous êtes fort ou faible en (maths, anglais
  etc.)

- Quel jour de la semaine préférez-vous?
  Pourquoi?

- Décrivez une des salles de classe de votre
  collège.

- Décrivez votre école.

- Quel moyen de transport utilisez-vous pour
  venir à l'école?

- Vous avez combien (d'heures) de devoirs par
  semaine?

Higher

Ask the foundation questions then ask the
following questions:

- Quelles sont les matières les plus importantes
  à votre avis?

- Quelles sont les matières les moins
  importantes?

- Vous aimez votre école? Pourquoi (pas)?

- Décrivez votre journée à l'école hier.

- Quels devoirs avez-vous faits hier?
  Ils étaient difficiles?

Reading Test: Foundation

1 Indiquez la salle des professeurs (SP) sur le plan. [1]

> *Salle des professeurs:*
> *deuxième porte à gauche.*

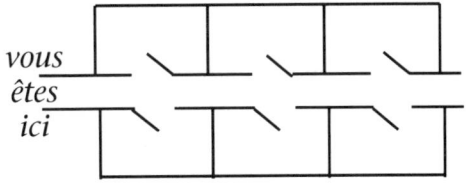

vous êtes ici

2 Qu'est-ce qui a été trouvé? <u>Soulignez</u> la bonne image. [1]

> *Trouvé!*
> *Trousse contenant*
> *stylos, crayons, gomme.*
> *S'adresser au concierge.*

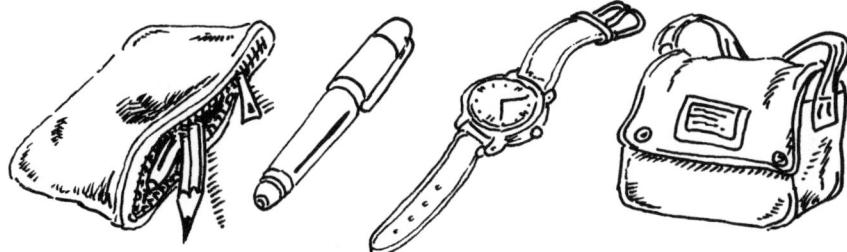

3 Le bulletin scolaire

Indiquez si la remarque est
bonne (B),
assez bonne (AB)
ou
mauvaise (M). [6]

a) _____	*Doit faire plus d'efforts.*
b) _____	`Fait le maximum à l'oral et à l'écrit.`
c) _____	*Toujours prêt à répondre aux questions du professeur.*
d) _____	*Résultats corrects mais sans plus.*
e) _____	*Peut mieux faire.*
f) _____	*Manque d'attention.*

4 Complétez chaque phrase. [6]

a) Le premier cours commence à ....

b) On a .... dans la salle de classe 112.

c) Il n'y a pas cours le .... , toute la journée.

d) Cet élève français a deux langues étrangères: .... et ....

e) Il y a .... cours de maths par semaine.

f) Le dernier cours dure ....

	LUNDI	MARDI	MERCREDI	JEUDI	VENDREDI	SAMEDI
8.15 -9.15	maths 204	maths 204		EMT Salle B	anglais 113	—
9.15 -10.15	anglais 113	biologie L4		EMT Salle B	français 112	espagnol 108
10.35 -11.30	technologie 24	français 112		sport	chimie L5	français 112
11.30 -12.30	technologie 24	français 112		sport	histoire-géo 20	histoire-géo 20
13.30 -14.30	technologie 24	anglais 113		maths 204	—	—
14.30 -15.30	espagnol 108	maths 204		espagnol 108	EPS Salle C	
15.30 -16.20	histoire-géo 20	—		physique L2	EPS Salle C	

Avantage 4 Assessment Pack © Heinemann Educational 1996 Special copyright conditions apply.

Reading Test: Foundation/Higher

1 Choisissez la bonne image. ☐ [1]

Pour l'école on ne porte pas d'uniforme dans mon pays, donc je peux porter ce que je veux. La plupart de mes amis portent un jean et un sweat, mais moi j'aime bien porter une jupe pour l'école – c'est un peu différent des autres filles, ça.

2 Lisez cet extrait d'une interview avec un cuisinier dans un collège. Indiquez quels plats les élèves **aiment** (✔) ou **n'aiment pas** (✗). [5]

> **Q**uestion: Et qu'est-ce que vos élèves aiment et n'aiment pas manger?
>
> **R**éponse: *Eh bien, je pense que leur plat favori, c'est le steak-frites, presque tout le monde adore ça. Autre chose – la semaine dernière, j'ai préparé un poulet normand, et j'ai l'impression que beaucoup d'élèves voudraient essayer ça de nouveau. En desserts, c'est les sorbets et les glaces qui ont le plus de succès. Par contre, ils n'aiment pas trop le poisson et quand je fais de la soupe comme entrée, très peu d'élèves en prennent.*

3 Indiquez (✔) qui est, actuellement, **pour** et qui est **contre** son école. [6]

Soulignez une phrase dans le texte pour justifier votre choix. [6 ÷ 2]

	pour	contre
Mathilde		
Michèle		
Delphine		
Sébastien		
Félice		
David		

Pourquoi aimez-vous l'école?

Des lecteurs répondent et donnent leur avis. Voici la question de Vanessa:

«Aimez-vous l'école? Moi, j'adore ça! Même s'il y a des compos, des colles et des devoirs, j'aime ça.
Et vous, aimez-vous l'école et pourquoi?»

À l'école, on apprend à se connaître les uns les autres, on s'amuse, on joue. Cela nous permet de découvrir quelqu'un d'autre que notre famille.
Mathilde

Salut Vanessa. Personnellement, je n'aime pas l'école! Je suis actuellement en 5ème et je préférais le primaire, pas parce que c'était facile, mais parce qu'on avait seulement un prof et, au moins, on ne devait pas changer de classe toutes les heures.
Michèle

J'ai fait la visite de mon futur collège; je trouve ça super: les changements de cours, la sonnerie toutes les 50 minutes, les profs différents, le self etc. J'ai hâte d'entrer en 6ème.
Delphine

J'ai plongé sur mon stylo parce que je vais te dire: je déteste l'école. En plus, on s'ennuie à l'école.
Sébastien

C'est un lieu où l'on rencontre des adultes, des élèves sympathiques. C'est là que l'on apprend à vivre en société.
Félice

Moi, l'école m'énerve. On fait beaucoup trop de révisions (surtout en maths) et ça m'ennuie. Je suis beaucoup mieux à la maison car je m'y sens bien.
David

● Reading Test: Higher

1 Lisez cette lettre, d'une jeune française.
Indiquez pour chaque phrase si c'est **vrai** (V), **faux** (F), ou si **on ne sait pas** (?). [8]

a) ☐ La journée scolaire commence plus tôt en France.

b) ☐ On passe moins d'heures par jour à l'école en France.

c) ☐ Les cours en Angleterre durent une demi-heure.

d) ☐ Les vacances sont plus longues en Angleterre.

e) ☐ Les élèves français travaillent plus dur.

f) ☐ En Angleterre, on peut choisir les vêtements pour l'école.

g) ☐ Si leur travail est mauvais, les élèves français sont punis.

h) ☐ Les élèves anglais s'entendent bien avec les professeurs.

> En Angleterre, la journée scolaire commence plus tard qu'en France, donc on peut se lever à son aise! On finit plus tôt dans l'après-midi, ce qui veut dire que la journée scolaire en Angleterre est beaucoup plus courte qu'en France. A l'école où j'étais, les cours étaient à peu près de la même durée que les cours en France – une heure en moyenne. Par contre, en Angleterre, ils ont moins de vacances.
> Je pense que mon partenaire anglais avait moins de devoirs que moi, mais j'ai l'impression que nous avons plus souvent des contrôles.
> Les élèves anglais portent un uniforme, mais en classe j'ai trouvé leur attitude plus relax. Ils parlent et rient facilement avec leurs profs.

2 Lisez, et remplissez les blancs.
Choisissez dans la liste. [8]

cheveux
discipline
droits
infirmière
lois
maquillage
pays
problèmes

© Phosphore

Femmes algériennes: on veut vivre!
● ● ● ● ● ● ● ● ● ● ● ● ● ● ● ● ● ● ● ●

Salut. Je suis algérienne et j'habite Oran. Je vis dans un .... sous-développé mais je l'aime quand même. Dans mon lycée, malheureusment, on n'a pas beaucoup de choses. Il y a trop de .... et trop d'obligations. On nous dit que c'est la .... , mais nous on est des jeunes et on ne comprend pas trop à quoi ça nous sert. Nous avons beaucoup d'obligations comme le port du tablier par exemple. La mini-jupe et le .... sont interdits, de même que les .... non attachés. Mais où sont nos .... ? On n'a même pas un docteur ou une .... au lycée. Il faut penser aux .... des femmes algériennes et essayer de les régler: on veut seulement vivre!

Assia (Algérie)

3 Answer in ENGLISH.

PROBLÈME
l e s   d e v o i r s   ...
l e s   d e v o i r s   ...
J'en ai ras le bol. Ca me rend fou! Que pouvez-vous me conseiller, chers lecteurs, pour rendre ma vie plus supportable?

CONSEILS
• Il faut préparer un plan écrit, pour mieux organiser votre temps.
• N'essayez pas de travailler continuellement; il faut vous permettre un peu de temps libre (pour jeux, télé, musique).
• Parlez avec vos professeurs, qui vous aideront à organiser votre temps.

a) Read this letter from a teenage magazine problem page.
What is the writer's problem? [1]

_____

b) Summarise in English each of the three short pieces of advice
written in answer to the writer's problem. [3]

_____

_____

_____

Avantage 4 Assessment Pack © Heinemann Educational 1996 Special copyright conditions apply.

 Writing Test

Foundation

Vous êtes en échange dans un collège français. Vous écrivez une carte postale à votre prof de français en Angleterre. Complétez.

> Me voilà en .... ,
> dans un collège mixte de
> .... élèves. Les cours
> commencent à .... et
> finissent à .... J'ai déjà
> assisté à trois cours:
> .... , ... et
> .... C'était
> .... A midi je mange
> .... Meilleurs vœux
> ....

Foundation/Higher

Lisez cet extrait. Ecrivez une réponse (80-90 mots).

- Parlez de l'uniforme à votre école.
- Décrivez l'uniforme à une école primaire que vous connaissez.
- Donnez vos opinions de l'uniforme.

> On me dit qu'en Grande-Bretagne les élèves doivent porter un uniforme. Est-ce que c'est vrai pour toutes les écoles, même les écoles primaires? Qu'est-ce qu'on porte à l'école primaire? Peux-tu me décrire l'uniforme de ton collège? Que penses-tu de ton uniforme? Quel est ton uniforme idéal?

Higher

Vous êtes en échange dans une école française.

Ecrivez votre journal pour **un jour** (matin – **école**; après-midi – **visite**).

Décrivez ce que vous avez fait; donnez vos opinions du collège et des activités de l'après-midi (100-120 mots).

● *Listening Test: Foundation*

1 Answer in ENGLISH.
Whilst working for an English company, you have to phone France and
ask to speak to Mme Chamel. [3]

   a)   What are you told first? _____

   b)   What are you told later? _____

   c)   What does the person on the phone suggest you do? _____
   _____

2 a)   Où travaille ce garçon pendant les vacances? Encerclez A, B, C ou D. [1]

   b) Il commence à quelle heure? _____ [1]

   c) Il gagne combien? _____ [1]

   d)   Il va comment à son travail? Cochez (✔) A, B, C ou D. [1]

A	B	C	D

 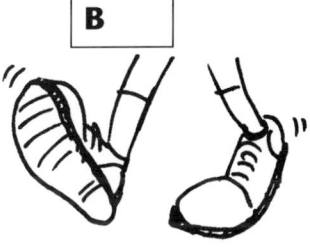  

3 a)   Ecoutez et changez les détails. [3]

Arrivée où?	Arrivée quel jour?	Arrivée à quelle heure
Gatwick	jeudi 14	12.30

   b)   Ecrivez le numéro de téléphone. [2]

   _____

4   Ecrivez en français le travail de chaque personne. Choisissez dans la liste. [3]

maman	*secrétaire*
papa	_____
sœur	_____
Michel	_____

secrétaire	boucher
camionneur	boulanger
professeur	vendeuse
pompier	réceptionniste
médecin	chef d'atelier

31

Avantage 4 Assessment Pack © Heinemann Educational 1996 Special copyright conditions apply.

Listening Test: Foundation/Higher

1 Indiquez (**X**) le bureau de M. Ménard. [1]

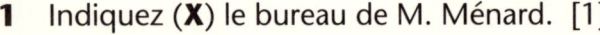

vous êtes ici

2 C'est quelle image? Ecrivez la bonne lettre (a, b, c, d) dans la case. [4]

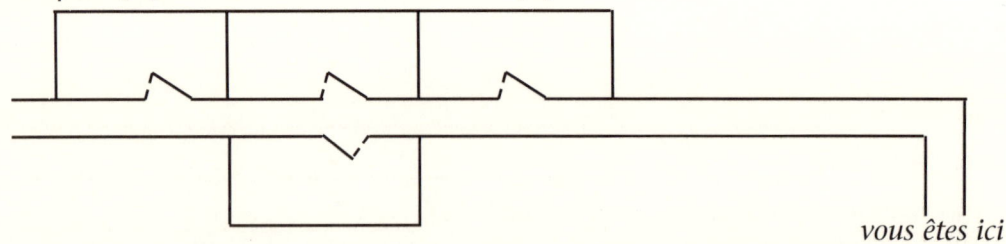

3 **a)** Indiquez le job de vacances de cette année. Ecrivez A.

b) Indiquez le job de vacances de l'année dernière. Ecrivez B.

c) Indiquez (✔) lequel des deux jobs elle a préféré. [3]

4 Answer in ENGLISH.
Note the **two** pieces of advice given about finding a summer job. [2]

_____

_____

● *Listening Test: Higher*

1 Notez (en français) deux **avantages** et deux **inconvénients** de son travail. [4]

avantages	inconvénients

2 Un restaurateur parle. Complétez le tableau. [6]

nombre de personnel	....
jour de fermeture	....
heures d'ouverture	de .... à ....
prix fixe du 'menu du jour'	....
spécialité	....
nombre de repas par jour	....

3 Ecrivez les renseignements corrects pour le rendez-vous (**jour; heure; lieu**). [3]

dim 22 _____	jeu 26 _____
lun 23 _____	ven 27 _____
mar 24 _____	sam 28 _____
mer 25 _____	_____

4 Answer in ENGLISH.
You have a summer job at a French campsite. What three jobs are you told to do today? [3]

a) _____

b) _____

c) _____

5 Answer in ENGLISH.
Write a phone message
in English for Mr Jacobs,
your English boss. [4]

Avantage 4 Assessment Pack © Heinemann Educational 1996 Special copyright conditions apply.

 Speaking Test

Foundation

Réservez une chambre pour votre patron, Monsieur Langley, qui voyage à Lyon.

Foundation/Higher

Interview
Rendez-vous 15h
Mme Durand (chef de section)
Salle no 11

Préparez-vous pour une interview! D'abord, vous allez à la réception.

Higher

Vous travaillez pendant les vacances dans une **auberge de jeunesse**.
Un journaliste veut faire une interview avec vous. Répondez à ses questions.
(Inventez vos réponses!)

Oral presentation

Suggested topics: **Mon argent de poche**
ou
Un job

● *Speaking Test: Teacher's card*

Rôle-play

Teacher's questions

Foundation

Teacher begins with:

Vous réservez une chambre d'hôtel par téléphone. Je suis le/la réceptionniste.

C'est pour combien de personnes?

C'est pour quand?

C'est pour combien de nuits?

C'est à quel nom?

Note: preparation for this task is on worksheet Au Choix Vert 34.

Foundation/Higher

Teacher begins with:

Oui? Je peux vous aider?

Pupil should be encouraged to say when; where; who with; prompted as appropriate, e.g. with questions from the teacher such as:

Quand? Où? Avec qui?

Teacher's final utterance (unpredictable element):

Elle n'est pas là en ce moment. Qu'est-ce que vous voulez faire?

(Unprepared answer expected from pupil.)

Higher

(unpredictable element:)
Vous restez longtemps ici?

Quelles sont vos tâches?

Vous êtes bien payé?

(unpredictable element:)
Et comment trouvez-vous le travail dans cette auberge de jeunesse?

(unpredictable element:)
Qu'est-ce que vous ferez après avoir fini?

General conversation

Teacher's questions

Foundation

- Vous aidez vos parents à la maison?
- Qu'est-ce que vous faites, pour les aider? Quand? Tout(e) seul(e)?
- Vous avez un petit job?
- Que faites-vous exactement?
- Quel jour? Vous commencez et finissez à quelle heure?

Higher

Ask the foundation questions then ask the following questions:

- Racontez comment vous avez aidé hier/le weekend dernier?
- Vous recevez de l'argent de poche?
- Quel jour le recevez-vous? Combien par semaine?
- Vous dépensez tout? Vous en économisez?
- Qu'est-ce que vous avez acheté récemment avec votre argent de poche?
- Vous mettez de l'argent à la banque quelquefois?
- Que ferez-vous plus tard avec l'argent que vous avez économisé?
- Est-ce que vous avez travaillé pendant les dernières vacances?
- Qu'avez-vous fait, exactement?
- Quel travail voudriez-vous pendant les vacances?
- Quelles sont les possibilités dans cette région?

Avantage 4 Assessment Pack © Heinemann Educational 1996 Special copyright conditions apply.

Reading Test: Foundation

1 Answer in ENGLISH.

This is an advert for work in what kind of business? [1]

_____

> *Cherche*
> *serveur/serveuse*

2 Indiquez **vrai** (V) ou **faux** (F) ou **on ne sait pas** (?). [8 ÷ 2]

a) ☐ M. Arnott va voyager en train.

b) ☐ Il va arriver à Paris le soir du dix septembre.

c) ☐ Il va loger dans un hôtel.

d) ☐ Il va visiter une usine le premier jour de sa visite.

e) ☐ Il n'est pas libre lundi.

f) ☐ Il va dîner avec Mme Dupont mardi soir.

g) ☐ Il va visiter trois sociétés différentes.

h) ☐ Il va repartir le matin du quinze septembre.

Itinéraire pour Mr Arnott Visite en France du 10 au 15 septembre	
Dimanche 10	
soir	arrivée à Paris: aéroport Paris-Orly 20h30
Lundi 11	
matin	visite au musée des Sciences
après-midi	rendez-vous avec M. Leclerc de la société Avantage
Mardi 12	
matin	rendez-vous avec Mme Dupont, de la société Luxe
après-midi	libre
soir	repas d'honneur
Mercredi 13	
matin	libre
après-midi	visite à l'usine Luxe
Jeudi 14	
matin	visite à l'usine Avantage
après-midi	libre
Vendredi 15	
matin	libre
	départ: 10h45 Paris-Orly pour Londres-Heathrow

3 Quel panneau indique qu'on **peut** (✔) ou **ne peut pas** (✗) entrer? [4 ÷ 2]

a) ☐ FRAPPEZ ET ENTREZ

b) ☐ *En réunion*

c) ☐ OCCUPÉ

d) ☐ *Je déjeune – de retour dans une demi-heure*

4 Indiquez l'heure correcte. [2]

> J'arrive à l'atelier à huit heures, et je finis juste après cinq heures et demie.

● *Reading Test: Foundation/Higher*

1 Comment est-ce qu'il gagne de l'argent supplémentaire?
Cochez (✔) la bonne image. [1]

Pour gagner de l'argent supplémentaire, je travaille le soir à la caisse d'une station service tout près de chez moi.

2 Lisez l'introduction d'un article. Puis complétez les phrases en français. [3]

Valérie travaille dans

_____.

Elle travaille avec des

_____.

Elle _____

beaucoup son travail.

© Bayard Presse Okapi No 554

Un métier pour demain: *infirmière*

....
Soins câlins

À 23 ans, Valérie Daviau exerce le métier qui la faisait rêver depuis l'âge de 8 ans: elle est infirmière.

À l'hôpital Robert Debré, à Paris, elle soigne des enfants dans le service de pédiatrie générale.

Malgré les horaires difficiles, elle ne regrette pas son choix. Au milieu des enfants, Valérie est heureuse.

3 Answer in ENGLISH. [6]   (démonter = to take down, dismantle)

Je suis très content, car j'ai trouvé un petit job. Je travaille pour notre voisin, qui est marchand de chaussures. Tous les samedi après-midi, je dois aider mon voisin à démonter son stand au marché. C'est pour une heure seulement mais il me donne quarante francs, c'est très raisonnable. Et il m'a dit que pendant les vacances, je peux travailler avec lui le samedi matin. Alors je vendrai des chaussures avec lui!

a) How does the penfriend
feel about having found a job? _____

b) Who is he working for? _____

c) When does he work? _____

d) What does he earn? _____

e) What does he have to do? _____

f) How will this increase
in the holidays? _____

Avantage 4 Assessment Pack © Heinemann Educational 1996 Special copyright conditions apply.

Reading Test: Higher

1 Lisez cet extrait. Remplissez les blancs. (Choisissez le bon mot dans la liste.) [10]

bruit
bureau
chef
confiance
machines
patron
peur
réceptionniste
rendez-vous
visité

> Mon premier jour de travail, j'avais un peu .... parce que je ne connaissais personne. J'avais .... avec mon nouveau .... , Monsieur Ménard, et je suis arrivé devant son .... à neuf heures moins cinq. La .... était très gentille.
>
> Monsieur Ménard m'a accueilli. Plus tard, nous avons .... l'usine et il m'a présenté le .... d'atelier. Il y avait beaucoup de .... dans l'usine à cause des ....
>
> A la fin de ma première matinée, j'avais un peu plus de ....

2 Lisez cet extrait d'une lettre.
Puis répondez aux questions. [3]

a) Pourquoi Pascal viendra-t-il en Angleterre?

_____

b) Quand viendra-t-il exactement?

_____

c) Où est-ce qu'il espère rester en arrivant?

_____

> J'ai un service à te demander. Mon cousin Pascal a trouvé du travail en Angleterre pour les grandes vacances. Le travail est dans une usine qui fabrique des pièces pour les ordinateurs. (Tu sais comment il se passionne pour les ordinateurs!). Il a déjà réservé son billet d'avion et arrivera le 28 juin. Il commencera son travail le 1er juillet. Donc il aura deux jours de libre. Est-ce qu'il pourra passer ces deux jours chez toi?

3 Lisez cet extrait d'un article. Indiquez **vrai** (V) ou **faux** (F) ou **on ne sait pas** (?). [10 ÷ 2]

> *Il a grandi entre la France et les États Unis: un pied de l'autre côté de l'Atlantique, un autre au Quartier latin. Jamais bien sûr de l'avenir, il a multiplié les expériences. À 17 ans, il voulait devenir prêtre, et à 18, entrer dans l'armée de l'air américaine ... À 30 ans, Jean-Marc Barr a finalement trouvé sa voie: Il devient comédien.*
>
> **Okapi:** *Vous avez grandi dans une famille plutôt «classique». Comment êtes-vous venu à la comédie?*
>
> **Jean-Marc Barr:** À 18 ans, j'avais convaincu mes parents de suivre des études en France. Mais je ne m'y plaisais pas vraiment. J'habitais dans une méchante chambre de bonne, et je gagnais ma vie en faisant du baby-sitting. J'étais assez déprimé ... Mes parents, qui s'inquiétaient, ont envoyé un de mes cousins à la rescousse.
>
> Et c'est comme ça qu'un soir je me suis retrouvé dans un petit théâtre de l'avenue Gambetta ... On jouait Le Malade imaginaire, de Molière. Ça a été un vrai choc!
>
> **Okapi:** *Que s'est-il passé exactement?*
>
> **Jean-Marc Barr:** On était si peu nombreux dans la salle, qu'à la fin du spectacle, la troupe nous a invités à boire un verre, puis à assister à une répétition. Au fond de moi-même, j'étais déjà séduit, et totalement passionné ...
>
> © Bayard Presse Okapi No 467

a) Jean-Marc a habité en Amérique pendant sa jeunesse. ☐

b) Tout jeune, il est devenu prêtre. ☐

c) Il avait toujours voulu être acteur. ☐

d) Il est entré dans l'armée de l'air. ☐

e) Il a étudié en France. ☐

f) Ses parents habitaient en France pendant qu'il étudiait. ☐

g) Tout en étudiant, il travaillait pour gagner de l'argent. ☐

h) Quand il était étudiant, il habitait une belle maison. ☐

i) La première fois qu'il est allé au théâtre, il n'a pas aimé. ☐

j) Il a été attiré par la vie du théâtre. ☐

● *Writing Test*

Foundation

Vous travaillez pendant les vacances en France. Complétez cette carte postale.

Je .... dans
une boulangerie pendant
le mois d'août.
Je commence à ....
et je finis vers ....
Comme travail je ....
les clients. Mon patron
s'appelle Monsieur Lambert —
il .... gentil.

Foundation/Higher

Imaginez que vous avez visité une compagnie en France. Cette compagnie fabrique et vend des vêtements de sport. Racontez votre journée. Continuez chaque phrase en ajoutant d'autres idées (10 à 15 mots à chaque fois).

Il y a un mois j'ai visité la compagnie SPORVET à Neuilly.

Quand je suis arrivé(e), j'ai rencontré Madame Lambert, qui est …

Pendant la matinée nous avons visité …

J'ai rencontré d'autres membres du personnel, par exemple …

Higher

Ecrivez une lettre (100 mots) à Mme Lenoir.

Notez:

- le travail que vous voudriez faire;
- les dates possibles;
- votre expérience du monde du travail;
- pourquoi vous voulez travailler en France.

Donnez aussi une petite description personnelle, et posez des questions (par exemple sur votre logement).

HOTEL DES
VOYAGEURS * * *

Cherche employés temporaires
pour vacances d'été

GARÇONS D'ÉTAGE, FEMMES DE CHAMBRE,
SERVEUSE, BARMAN, AIDE DE CUISINE

Ecrire à Mme Lenoir
(propriétaire)

Avantage 4 Assessment Pack © Heinemann Educational 1996 Special copyright conditions apply.

Listening Test: Foundation

1 Encerclez les vêtements sales. [3]

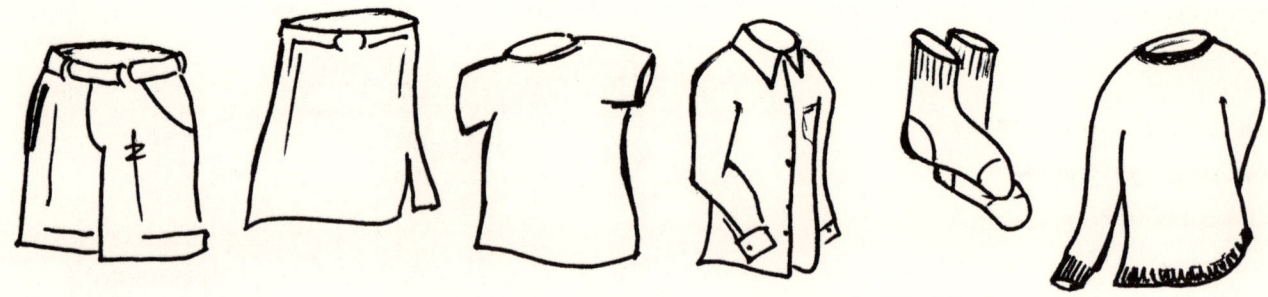

2 Ecrivez le prix de chaque article. [3]

3 Soulignez la bonne image. [1]

A   B   C   D

4 Indiquez la position

  a)   de la table,

  b)   de l'armoire.

  (Ecrivez les mots **TABLE** et **ARMOIRE**.) [2]

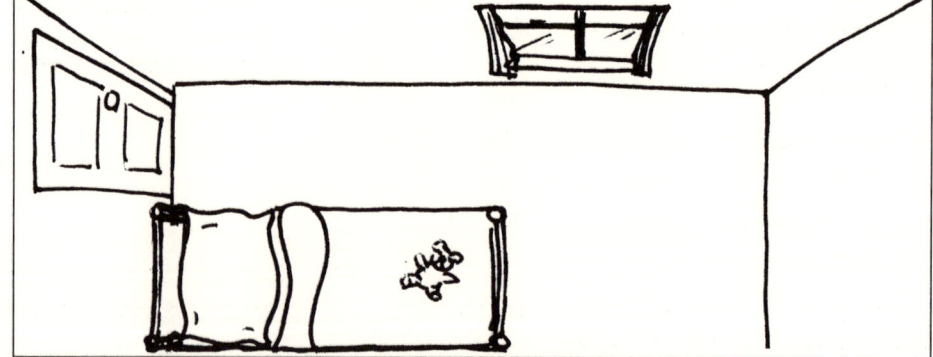

5 Complétez. Choisissez la bonne description. Ecrivez A, B, C ou D. [1]

Son meilleur ami est très   ☐ .

  A laid   **B** ambitieux   **C** confiant   **D** sportif   **E** triste

● *Listening Test: Foundation/Higher*

1 **a)** Cochez (✔) l'article. **b)** Indiquez la réduction. [2 ÷ 2]

a)

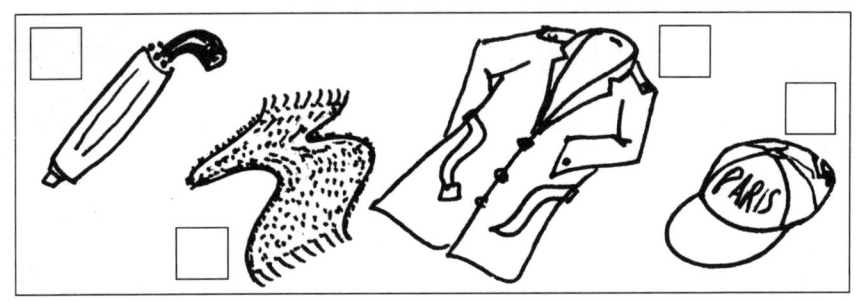

b)

Réduction de ...... %

2 Indiquez si c'est **bon** (✔) ou **pas bon** (✗) pour la machine à laver ou si **on ne sait pas** (?). [4]

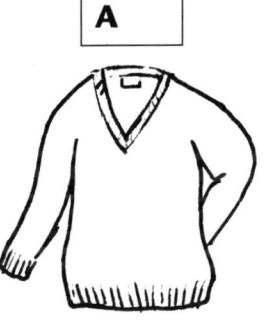   

3 Qu'est-ce ce qu'il choisit. Cochez (✔) le bon article. [1]

| **A** | **B** | **C** | **D** |

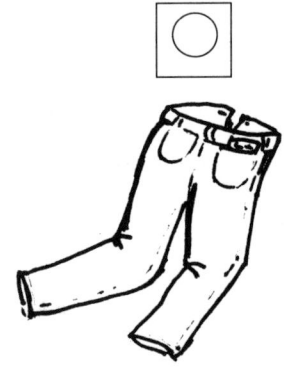  

4 C'est quelle photo? Ecrivez A, B, C ou D. [ ] [1]

A   B   C   D

5 Indiquez **pour** (✔) ou **contre** (✗) la drogue ou **pas sûr** (?). [6 ÷ 2]

a) [ ] **b)** [ ] **c)** [ ] **d)** [ ] **e)** [ ] **f)** [ ]

Listening Test: Higher

1 Ecoutez. Remettez les images dans le bon ordre chronologique (1, 2, 3, 4). [1]

2 Répondez (en français) aux questions. [3]

    a) Pourquoi est-ce que le frère d'Antony part? _____

    b) Qui est la personne la moins heureuse?_____

    c) Quel âge a le frère d'Antony? _____

3 Cochez (✔) la bonne case. [1]

    a) ☐ | Marie-Paule est une fille très sérieuse.

    b) ☐ | Marie-Paule fait beaucoup de sports.

    c) ☐ | Marie-Paule ne fume plus.

    d) ☐ | Marie-Paule a beaucoup d'imagination.

4 a) Quel est la cause du problème entre le père et le garçon?

    (Choisissez la bonne lettre.) ☐ [1]

    A Le garçon veut organiser une boum.

    B Le garçon veut passer toute la nuit à une boum.

    C Le père refuse d'emmener le garçon à une boum en voiture.

    D Le garçon veut manquer l'école vendredi.

    b) Ecrivez **deux** raisons pour lesquelles son père n'est pas d'accord. [2]

    _____

    _____

5 Answer in ENGLISH.

    Listen to the speaker.

    a) How has her relationship with Gisèle changed? [1]

    _____

    b) What caused this to happen? [1]

    _____

● *Speaking Test*

Foundation

Décrivez votre chambre.

Foundation/Higher

Vous voulez acheter un jean. Vous avez 250F à dépenser.
Répondez aux questions du vendeur, et demandez le prix.

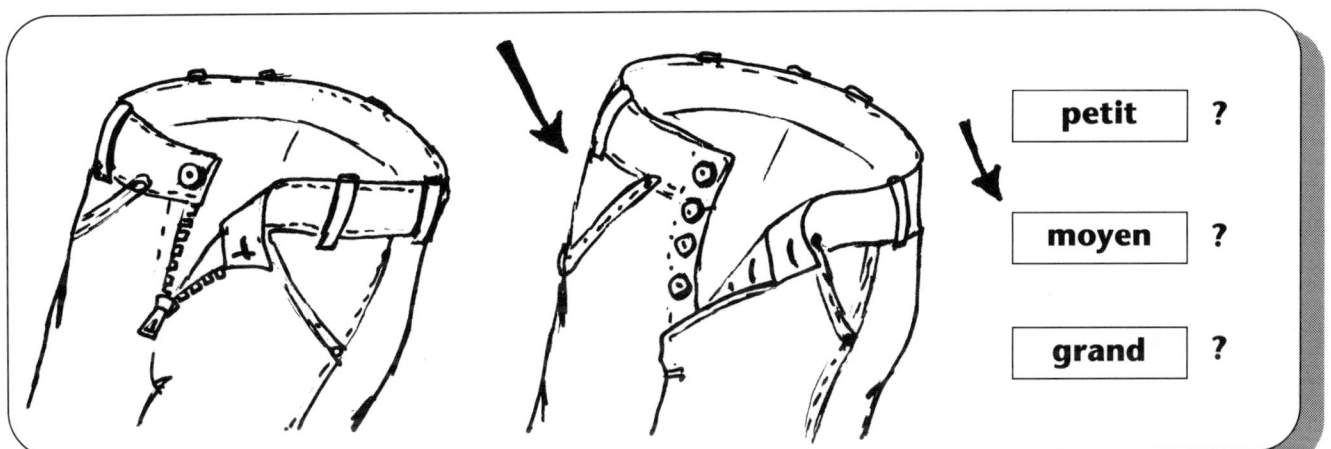

petit ?

moyen ?

grand ?

Higher

Posez des questions pour trouver des informations sur le meilleur copain ou la meilleure copine de ton/ta correspondant(e).

Notez ses réponses.

prénom	_____
détails personnels	_____
	_____
sports	_____
hobbys	_____
qualités	_____
amis depuis	_____ ans

Oral presentation

Faites une présentation intitulée: **Mon petit ami idéal**
ou
Ma petite amie idéale

Speaking Test: Teacher's card

Rôle-play

Foundation

Teacher's questions

Voulez-vous décrire votre chambre?

Elle est à quel étage?

Qu'est-ce qu'il y a dans votre chambre?

Vous partagez votre chambre?

Foundation/Higher

Teacher's questions

Je peux vous aider?

Quelle sorte de jean?

Quelle taille?

(for unpredictable element:)
Celui-là est à 350F.

Higher

Suggested teacher's replies

Pascal(e)

14 ans

yeux bleus

natation et tennis

musique pop et informatique

très souriant(e), patient(e)

trois ans et demi

Suggested unpredictable element – add at the end:

Il y a un autre sport que j'aime beaucoup, c'est l'équitation.

General conversation

Teacher's questions

Foundation

- Vous avez beaucoup de vêtements à la maison?
- Qu'est-ce que vous portez, le soir/le weekend?
- Qu'est-ce que vous préférez porter quand vous sortez au cinéma/en boîte?
- Quelles couleurs sont à la mode en ce moment?
- Comment s'appelle votre meilleur(e) ami(e)?
- Décrivez-le/la. (Il est grand/petit/sportif? Qu'est-ce qu'il aime faire?) (Elle …)
- Vous avez des amis en France (ou dans un autre pays)? Décrivez-le/la/les.

Higher

Ask the foundation questions then ask the following questions:

- Quels vêtements avez-vous achetés récemment?
- Où?
- Vous les avez payés cher?
- Décrivez votre ami(e) idéal(e).
- Vous vous entendez bien avec vos parents?
- Qu'est-ce qui irrite vos parents, dans votre conduite?
- Vous avez beaucoup de liberté?

● *Reading Test: Foundation*

1 Changez **deux** prix. [2]

Soldes!

50% de réduction sur tous les gants et les chapeaux.

2 Au pressing, on paie combien? Ecrivez le bon prix. [2]

A ☐

B ☐

PRESSING	
costume homme	87F
costume femme	99F
pantalon	25F
manteau, imperméable	55F
jupe......................................	38F
robe......................................	45F
rideau	120F

3 Choisissez la meilleure correspondante pour Lydie. Ecrivez la bonne lettre. ☐ [1]

Lydie

A Je cherche une corres. avec les mêmes goûts que moi – je collectionne les posters et adore les animaux.
Claudine Lefèvre, BP 3614

C Ecrivez-moi si vous aimez écouter de la musique populaire et si vous aimez, comme moi, collectionner les timbres.
Rashid, BP 3619

B Amateurs de musique, écrivez-moi! Je joue de trois instruments de musique et je chante dans une chorale.
Nathalie, BP 3615

D Je cherche une correspondante de mon âge (13 ans). Je collectionne les affiches des vedettes de cinéma. Je suis passionnée de danse.
Micheline Duval, BP3620

4 Answer in ENGLISH.
This is an extract from your penfriend Gaëlle's latest letter.

J'ai un nouveau petit ami. Il s'appelle Daniel Sabatini, il est français mais son père est italien. Daniel est de taille moyenne, il a les cheveux très courts, et il est très cool. Il porte des vêtements chics et à la mode. On aime la même musique, et les mêmes sports.

a) What is her new boyfriend's name? _____ [1]

b) What do you know about his physical appearance? (Give two details.)

_____

_____ [2 ÷ 2]

c) What example is given to prove that the boy is 'cool'? _____ [1]

d) What do Gaëlle and the boy have in common? _____ [1]

e) What do you learn about the boy's father? _____ [1]

Reading Test: Foundation/Higher

1 Before buying a pair of trousers, you have to check they fit. Where?

Write the correct letter. ☐ [1]

a)

| SORTIE DE SECOURS ⬆ |

b)

| ⬅ CAISSE |

c)

| ESCALIER ➡ |

d)

| CABINES D'ESSAYAGE ⬇ |

2 Quel sac est perdu? Encerclez A, B, C ou D. [1]

A

PERDU

SAC DE SPORT contenant chaussettes blanches, paire de baskets, short, deux T-shirts et un sweat.

B   **C**   **D**

3 a) Qui ne boit jamais d'alcool? ☐ [1] **b)** Qui est le plus grand buveur d'alcool? ☐ [1]

A Pour moi, acheter les boissons alcoolisées, c'est gaspiller de l'argent. Moi je bois simplement quand j'ai soif. L'eau, ça me suffit.

B Quand on va à une soirée, tout le monde boit; alors pour faire comme les autres, je bois aussi.

C Moi je bois de temps en temps, mais pas beaucoup.

D La première fois, j'ai bu un verre, pas plus. Puis, petit à petit, j'ai bu davantage. Maintenant j'ai peur, parce que j'ai l'impression de devenir dépendant de l'alcool.

E J'aime très peu le goût de la plupart des boissons alcoolisées, j'en bois peu souvent.

4 Answer in ENGLISH

a) Why have the rules at home changed for this boy? _____ [1]

b) How have the rules changed? Complete the table, in English. [9]

concerning:	old rule	new rule
•		
•		
•		

Depuis que j'ai seize ans, les règles ont changé un peu chez moi. Avant, quand je sortais, je devais rentrer à dix heures au plus tard - maintenant, j'ai le droit de sortir jusqu'à minuit. Autre chose: si j'allais chez un copain, je devais, une fois arrivé, téléphoner chez mes parents pour dire que j'étais arrivé sain et sauf. Maintenant, il n'y a plus besoin de faire ça. Une troisième chose: j'ai le droit de boire une ou deux bières ou un verre de vin en mangeant, tandis qu'avant, c'était toujours du jus d'orange.

Reading Test: Higher

1 Indiquez (✔) dans le tableau les tâches que François …   [6 ÷ 2]

… fait toujours						
… ne fait plus						
… ne mentionne pas						

C'est bien d'habiter un plus petit appartement, parce que j'ai moins de tâches à faire que dans notre maison. Avant, tous les dimanches je devais passer l'aspirateur partout: maintenant, je ne fais plus ça. Je continue quand même à faire la vaisselle après le dîner et à vider la poubelle, mais c'est mon frère qui met le couvert avant de manger – je suis content de ne plus avoir cette tâche à faire.

2 Lisez. Complétez le résumé. [4]

Nous avons interviewé Caroline, 16 ans. *"J'avais toujours eu de bons rapports avec mes parents, on s'entendait bien. J'aidais maman dans la cuisine, j'aidais papa avec le bricolage ou le jardinage. Mais quand j'avais treize ans, ils se sont séparés. Mon père est allé habiter avec une nouvelle petite amie, et moi, enfant unique, je suis restée avec maman. C'est à partir de ce moment-là que les disputes ont commencé. Nous nous disputons pour tout. Elle m'accuse, en disant que je ne range pas ma chambre, que je suis toujours au téléphone, que je ne l'aide jamais avec le ménage."*

Quand Caroline était plus .... , tout allait .... dans sa famille.

Les problèmes ont commencé quand .... est parti. Maintenant il y a souvent des .... entre Caroline et sa mère.

3 Lisez. Qui critique ses parents? Qui défend ses parents? Indiquez (✔) dans le tableau. Soulignez une phrase dans le texte pour donner la raison. [8]

	critique ses parents	défend ses parents
Exemple ISABELLE	✔	
MARINE		
ANNE		
VIRGINIE		
CELINE		

"J'ai 12 ans, et je voudrais poser une question. D'après vous, pourquoi les parents ne nous comprennent-ils pas toujours?
Emmanuelle

«Salut, Emmanuelle! Personnellement, je trouve que mes parents me comprennent rarement. Souvent, j'ai l'impression que je ne les intéresse pas. À chaque fois que mon père me parle, c'est pour me faire des reproches.»
Isabelle

«Je crois que les parents ne se font pas à l'idée de nous voir grandir et changer. Ils trouvent étrange qu'on ne leur raconte plus tous nos petits secrets ou problèmes, pour essayer de les résoudre nous-mêmes. Ils ont peut-être oublié qu'eux aussi sont passés par là!»
Marine

«Les jeunes de notre époque ne connaissent que la vie cool, agréable, le confort! Alors que nos parents ont eu la vie plus dure et qu'ils sont fiers de nous faire vivre notre vie! Tu dois les aider à te comprendre!»
Anne

«Salut, Emmanuelle! Ta question est très intéressante. Je crois que les parents ont besoin d'être compris, à leur tour. Nous leur demandons toujours des choses du genre: «Je veux un jean de marque», ou alors nous les critiquons. Mais jamais, nous ne pensons à leurs problèmes. Ils ont mis tout leur amour et leur courage pour nous élever, mais ce n'est pas toujours facile.»
Virginie

«Salut Emmanuelle! J'ai 14 ans et, personnellement, ça ne se passe pas trop mal avec mes parents.

Ils pensent agir pour notre bien!»
Céline

Avantage 4 Assessment Pack © Heinemann Educational 1996 Special copyright conditions apply.

● Writing Test

Foundation

Lisez la carte postale. Changez les détails <u>soulignés</u>, pour parler d'un nouveau copain ou d'une nouvelle copine.

Salut Florence!
Je suis en vacances à <u>La Baule</u>.
J'ai rencontré <u>un nouveau copain</u>.
<u>Il a treize ans</u> comme moi, <u>il est grand et assez sportif</u>. Il est très <u>marrant, il me fait rire</u>.
Sur la plage, <u>il porte un beau maillot</u>. Hier soir, <u>on est allé en discothèque</u>.
Amitiés
  Murielle

Foundation/Higher

«Qui voudrais-tu rencontrer?»

Denis, un lecteur d'un magazine pour les jeunes, a posé cette question aux autres lecteurs.

Ecrivez une lettre (80 mots) au magazine, en répondant à la question.

Décrivez cette personne, (par exemple son apparence physique, ses qualités, ses goûts) et dites pourquoi vous voudriez la rencontrer.

Cher Denis,
Je réponds à votre question «Qui voudrais-tu rencontrer?».
Moi, je voudrais rencontrer ...

Higher

Préparez un article (100-120 mots) intitulé **Les vêtements**.

Ecrivez quatre paragraphes sur:

a) les vêtements que vous portez à l'école;

b) les vêtements que vous aimez porter chez vous, et pour les sorties;

c) des achats récents;

d) votre opinion sur la mode actuelle.

Listening Test: Foundation

1 Sur le plan:

   a) écrivez le **numéro** de votre chambre;

   b) indiquez la salle de bain (SB).

   [2]

votre chambre

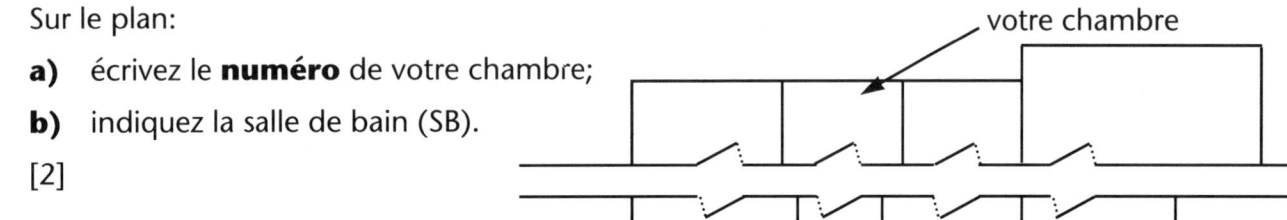

2 a) Quel temps fait-il?
Soulignez A, B, C ou D. [1]

     b) La patronne recommande quelle saison?
Soulignez A, B, C, ou D. [1]

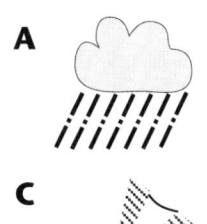

A   B   A 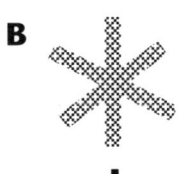   B

C   D   C    D

3 Sur le plan, indiquez le syndicat d'initiative (SI). [2]

4 Cochez (✔) les trois endroits recommandés. [3]

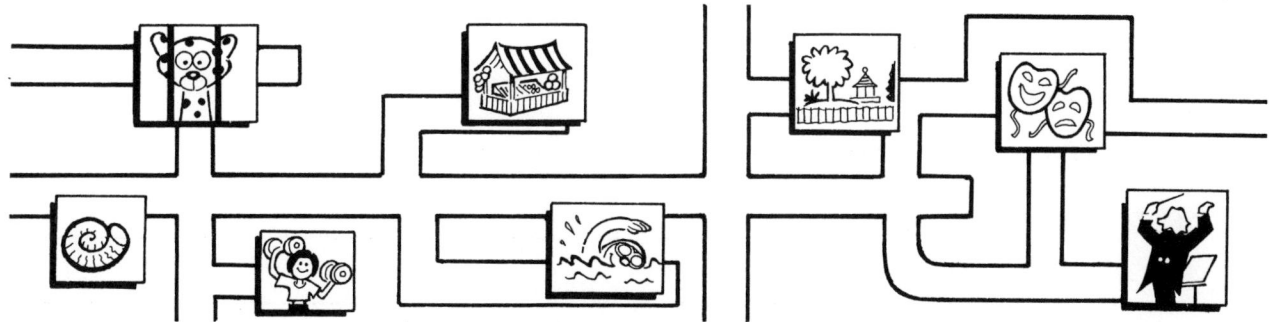

5 Answer in ENGLISH.
Fill in the details on
the form. [5]

> **Museum opening times:** .... **to** ....
>
> **Closed all day** ....
>
> **Entrance price: Adults** .... **Children** ....

Avantage 4 Assessment Pack   © Heinemann Educational 1996   Special copyright conditions apply.

Listening Test: Foundation/Higher

1 Choisissez parmi la liste, et complétez. [2]

La région est _____.

| laide | calme | industrielle | touristique |

2 Pour ou contre leur région? Ou peut-être les deux? Indiquez (✔) dans le tableau. [6]

	pour	contre	pour et contre
a)			
b)			
c)			
d)			
e)			
f)			

3 Answer in ENGLISH.

You arrive as a guest in a French family.

a) What does the mother ask? _____

_____ [1]

b) What does she tell you next? _____

_____

_____ [3]

4 Answer in ENGLISH.

During your stay you overhear your partner and her mother arguing.

a) What is the argument about? _____

_____ [1]

b) What solution does her mother suggest? _____

_____ [1]

⬤ *Listening Test: Higher*

1 Indiquez (✗) si la chambre n'est pas convenable. [3] Pour quelle raison? Ecrivez en français. [6]

	pas convenable?	pour quelle raison?
a)		
b)		
c)		
d)		
e)		
f)		

2 Ecoutez et complétez chaque phrase – choisissez parmi la liste. [3]

a) _____

b) _____

c) _____

du soleil	de la pluie	du brouillard
du vent	du verglas	

3 Choisissez les bonnes images, et mettez-les dans le bon ordre (1, 2, 3, 4). [3]

A   B   C   D   E   F

4 Answer in ENGLISH.

Listen to a boy talking about how he gets on with his brother.

a) In general, does he get on well with his brother?

_____ [1]

b) What **positive** example does he give?

_____ [2]

c) What **negative** example does he give?

_____ [2]

Avantage 4 Assessment Pack © Heinemann Educational 1996 Special copyright conditions apply.

● *Speaking Test*

Foundation

Voici des informations sur votre ville. Répondez aux questions.

région montagneuse

Foundation/Higher

Vous arrivez chez une famille parisienne qui vous a invité(e) chez elle.

Répondez. Inventez si nécessaire. Posez aussi au moins une question.

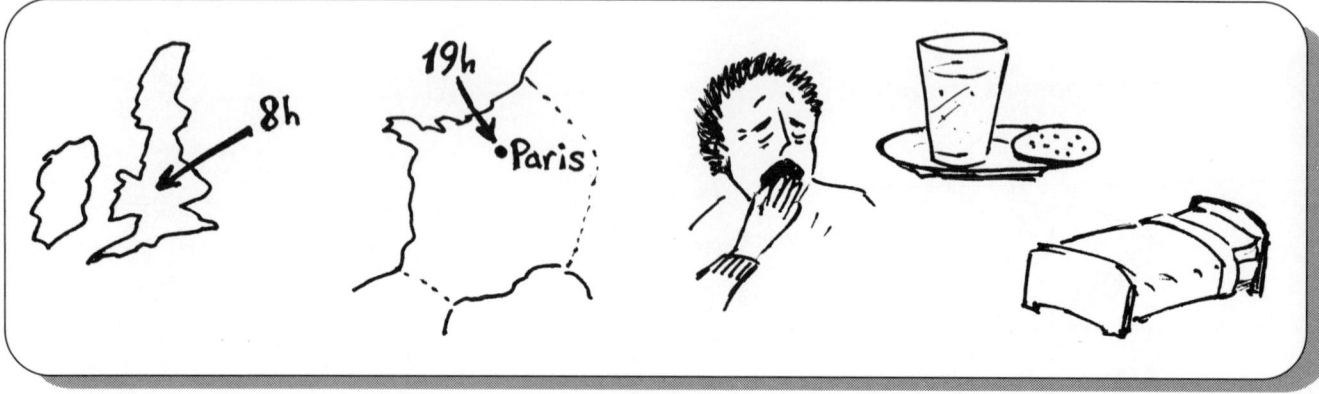

Higher

Vous travaillez dans l'hôtel **The Swan** pendant les vacances. Un client français vous pose des questions. Répondez. Inventez les réponses si nécessaire.

Oral presentation

Suggested topic: **La région où j'habite**
ou
Une région française que je connais

● *Speaking Test: Teacher's card*

Rôle-play
Teacher's questions

Foundation

Elle est située où, votre ville?

C'est dans quelle (sorte de) région?

Qu'est-ce qu'il y a dans votre ville?

Foundation/Higher

Vous êtes fatigué(e)?

Le voyage était long?

(unpredictable element:)
Qu'est-ce que vous avez fait pendant le voyage?

Vous voulez manger quelque chose maintenant?

(Avantage 4 Au choix Rouge/Vert 58 provides good preparation for this activity.)

Higher

Qu'est-ce qu'il y a à visiter ici?

Le musée est ouvert quand?

C'est cher, l'entrée au musée?

Qu'est-ce qu'on peut acheter au marché?

General conversation
Teacher's questions

Foundation

- Vous habitez quelle ville?

- Comment est la ville?

- Qu'est-ce qu'il y a dans le centre-ville?

- Quel temps fait-il dans cette région (en été/en hiver)?

- Vous habitez une maison ou un appartement?

- Décrivez-le/la.
  (Il y a combien de chambres?
  Vous avez un garage?)

- Vous avez des animaux à la maison? Lesquels? Décrivez-les?

- Pour aider à la maison, vous faites la vaisselle parfois? Et quoi aussi?

Higher

Ask the foundation questions then ask the following questions:

- Décrivez cette region.

- Vous aimez habiter par ici?

- Quels sont les avantages et les inconvénients d'habiter ici?

- Pour les touristes, qu'est-ce qu'il y a à visiter? Décrivez ces endroits.

- Est-ce que vous avez habité dans une autre ville/région?
  (Où ça? Décrivez-la. Laquelle des deux villes préférez-vous? Pourquoi?)

- Si vous pouviez choisir, où habiteriez-vous? Pourquoi?

- Quel temps a-t-il fait ici l'été/l'hiver dernier?

- Est-ce que vous avez déjà visité un autre pays? (Si oui, racontez-moi un peu …)
  (Sinon, quel pays voudriez-vous visiter, et pourquoi?)

- Chez vous, est-ce que vous partagez votre chambre?
  (Si oui, avec qui? Ça pose des problèmes?)

Avantage 4 Assessment Pack © Heinemann Educational 1996 Special copyright conditions apply.

Reading Test: Foundation

1 Indiquez le **théâtre** (T) et la **poste** (P). [2]

vous êtes ici

T h é â t r e
deuxième à droite

P O S T E
première rue
à gauche,
à 150m

2 Cochez (✔) les vêtements en solde. [3]

Vêtements d'hiver en solde

3

MÉTÉO POUR DEMAIN

Du brouillard le matin,
du soleil dans l'après-
midi, orages le soir.

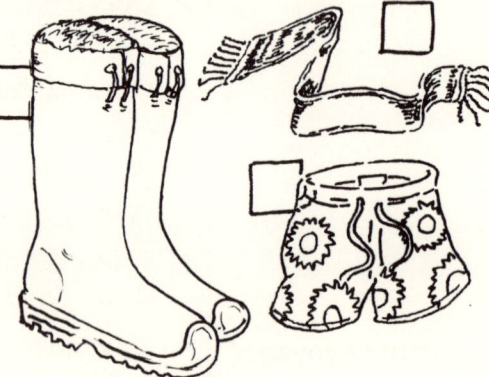

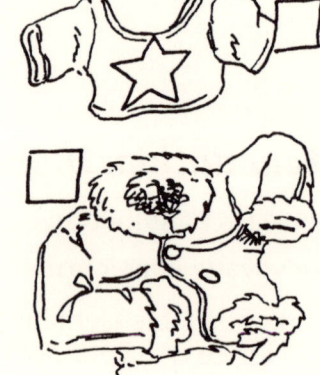

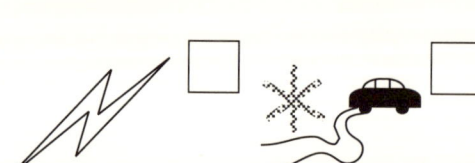

Indiquez le temps pour demain,
dans le bon ordre (1, 2, 3). [4]

4 Lisez la description. Choisissez la photo de la pièce. Ecrivez A, B, C ou D. ☐ [1]

cheminée = fireplace

Au rez-de-chaussée, nous avons une grande pièce qui sert de
salon et salle à manger. Il y a une grande cheminée, et il y a
aussi une grande table et six chaises, et il y a une télé dans
le coin, à côté de la fenêtre. Nous n'avons pas de fauteuils.

Reading Test: Foundation/Higher

1

juillet	matin	après-midi	soir
PROGRAMME VACANCES-ACTIVES			
sam 15			arrivée 17h
dim 16	piscine;	équitation;	discothèque
lun 17	concours 'châteaux de sable' sur la plage;	excursion en car aux cascades;	ciné
mar 18	randonnée pédestre (de 9h à 17h);		visite au parc d'attractions;
mer 19	mini-golf;	libre;	tournoi de volley
jeu 20	chasse au trésor;	visite au cirque	grand feu d'artifice
ven 21	départ 10.30		

a) Indiquez **quand** chaque activité a lieu. [5]

	activité	quand		activité	quand
Exemple	(mini-golf)	mercredi matin	**C**	(manège)	
A	(feu d'artifice)		**D**	(château de sable)	
B	(équitation)		**E**	(piscine)	

b) Complétez le journal d'un des vacanciers – écrivez la date.

[6 ÷ 2]

> **Jeudi soir** Le ciel était éclairé pendant une demi-heure; et quel bruit!
>
> _____ L'après-midi il n'y avait rien d'organisé, alors j'ai fait la sieste pendant deux heures!
>
> _____ Malheureusement je suis tombé de mon cheval.
>
> _____ J'étais très fatigué après avoir marché toute la journée.
>
> _____ Moi, je n'aime pas danser mais j'ai écouté la musique, qui était bien.
>
> _____ J'étais très triste de dire au revoir à tous mes nouveaux amis.
>
> _____ Je me suis mis avec Patrick, et nous avons gagné le premier prix.

2

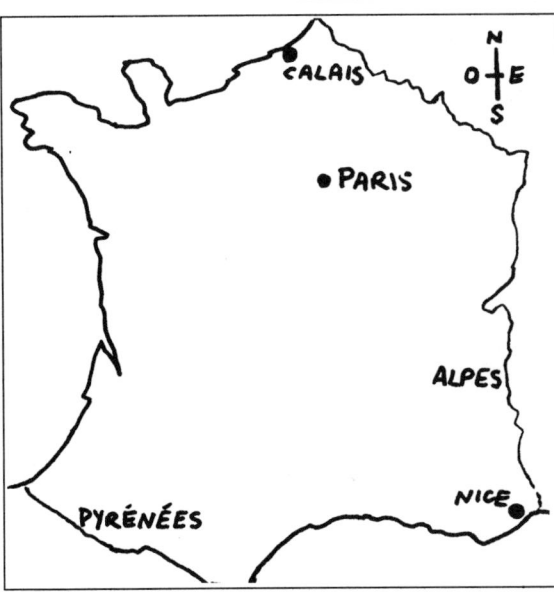

Dessinez sur la carte des symboles pour indiquer le temps. Ecrivez aussi les températures. [5]

MÉTÉO POUR DEMAIN

Partout en France demain, il y aura des vents forts venant de l'ouest. En plus, il pleuvra toute la journée dans le nord. Pourtant, dans le sud-ouest, il fera plutôt beau, avec du soleil de temps en temps. En général, les températures varieront, entre quinze degrés dans le nord-ouest et vingt degrés sur la côte sud.

Avantage 4 Assessment Pack © Heinemann Educational 1996 Special copyright conditions apply.

Reading Test: Higher

1 Lisez cet extrait d'une lettre.

> *Pendant les vacances je suis allé chez mes grands-parents. Ils habitent une ferme en pleine campagne. J'y passe mes vacances depuis longtemps, peut-être huit ou neuf ans. Quand j'étais plus petit, j'aimais beaucoup aider mon grand-père à donner à manger aux animaux. Mais maintenant je trouve leur vie un peu ennuyeuse. Il n'y a plus grand'chose à faire et il n'y a personne de mon âge; en plus, si je veux faire un tour en ville, il n'y a qu'un autobus par jour. A sept heures du matin! Alors cet été je ne me suis pas beaucoup amusé. J'ai fait un peu de pêche, j'ai aidé ma grand-mère à faire le ménage - autrement j'ai passé mon temps à lire dans ma chambre. Ce n'était pas très amusant!*

a) Indiquez (✔) si les activités sont d'**autrefois** ou de **cet été**. [5]

activité					
autrefois					
cet été					
pas mentionné					

b) Quelle phrase résume l'opinion de l'auteur de la lettre? Ecrivez A, B, C ou D. [   ] [1]

A Il s'est ennuyé cette année chez ses grands-parents.
B Il a envie de retourner chez ses grands-parents l'année prochaine.
C Il s'est disputé plusieurs fois avec ses grands-parents.

2 Lisez la météo.

Indiquez (✔) les bons symboles. [3]

> Après deux jours de pluie continuelle, aujourd'hui on verra du beau temps sur la plupart de la France. Les températures seront un peu plus basses. Demain, le soleil paraîtra enfin.

hier									
aujourd'hui									
demain									

3 Lisez cet extrait d'un article de Nathalie, invitée chez une famille anglaise.

> *L'autocar avait deux heures de retard parce qu'il y avait des travaux sur la route. Donc j'étais très fatiguée quand je suis arrivée chez Sharon. Avant de me coucher, j'ai offert les cadeaux à ses parents et ils en étaient ravis. Je n'ai pas osé parler beaucoup en anglais, mais tout le monde a été très gentil et ils m'ont parlé lentement. Ils m'ont donné du dentifrice parce que je ne pouvais pas trouver le mien. J'ai décidé de défaire ma valise le lendemain et je me suis couchée enfin après minuit.*

Indiquez **vrai** (V), **faux** (F), ou **pas mentionné** (?). [6]

a) [   ] L'autocar est arrivé à l'heure prévue.

b) [   ] Nathalie parlait anglais avec beaucoup de confiance.

c) [   ] Nathalie a offert des cadeaux à la famille anglaise le soir de son arrivée.

d) [   ] La famille a proposé un petit snack à Nathalie.

e) [   ] Nathalie a trouvé la famille anglaise très sympathique.

f) [   ] A minuit, Nathalie était déjà au lit.

● *Writing Test*

Foundation

Vous recevez cette carte postale.

> Voici une carte de Laventie, où j'habite. Laventie est une petite ville de 3000 habitants. Elle se trouve dans le nord de la France, à quinze kilomètres de Lille. Il y a des magasins, deux banques, une vieille église et un petit parc dans le centre. C'est assez tranquille. Il n'y a pas d'industries. C'est une ville agricole. Envoie-moi une carte postale de ta ville.
> Amitiés
> Hugues

Répondez, en parlant de votre ville. (40-50 mots)

Foundation/Higher

> *Veux-tu me décrire ta famille? Peux-tu aussi me décrire un weekend typique pour toi et ta famille? Par exemple, qu'est-ce que vous avez fait le weekend dernier?*

Ecrivez une réponse de deux paragraphes. (90 mots environ)

Higher

Vous avez organisé une visite de votre ville/village pour un groupe de jeunes français. La visite durera trois jours.

a) Ecrivez une description de votre ville/village.

b) Décrivez les activités projetées pendant le séjour.

Ecrivez 100-120 mots.

Avantage 4 Assessment Pack   © Heinemann Educational 1996   Special copyright conditions apply.

Listening Test: Foundation

1 Ecoutez et remplissez le tableau en français. Ecrivez (?) si nécessaire. [11]

> Nom .... Prénom ....
>
> Age .... Date d'anniversaire ....
>
> Taille .... Yeux .... Cheveux ....
>
> Famille ....
>
> Qualités ....
>
> Je suis fort en ....

2 Complétez. Choisissez la bonne réponse dans la liste. [1]

Cet homme est _____ .

| facteur | garçon de café | marchand |
| professeur | agriculteur | dentiste |

3 Indiquez: (✔) les matières qu'elle **aime**; [2]
(✔✔) la matière qu'elle **préfère**; [1]
(✘) la matière qu'elle **déteste** le plus. [1]

4 Soulignez les **deux tâches** qu'il fait pour aider à la maison. [2]

5 Sur le plan, indiquez la boulangerie (B). [2]

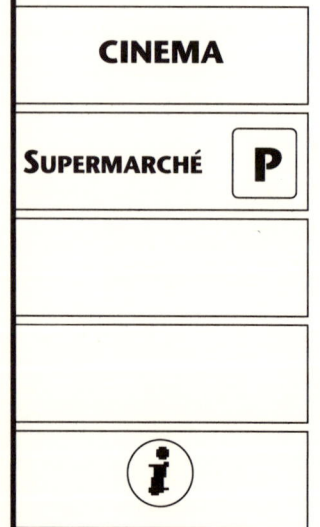

Listening Test: Foundation/Higher

1 Complétez. Choisissez (dans la liste) la meilleure description pour Jean-Paul. [1]

Jean-Paul est très _____.

patient	ambitieux	agressif	content	beau

2 Ecoutez Laure, et complétez chaque phrase en français. [6]

Tous les _____, Laure travaille. Elle travaille dans un _____.

Elle commence à _____ et finit à _____.

Elle gagne _____ francs.

3 Ecoutez Maurice. Indiquez (✔) ses activités du weekend dernier. [2]

samedi								
dimanche								

4 Ecrivez le prix des trois vêtements mentionnés. [8]

5 Answer in ENGLISH.

You arrive as a guest in a French family. What **three** questions are you asked? [3]

a) _____

b) _____

c) _____

Avantage 4 Assessment Pack © Heinemann Educational 1996 Special copyright conditions apply.

⬤ *Listening Test: Higher*

1 Ecoutez et cochez (✔) les phrases qui sont **vraies**. [2]

a) ☐ Elle veut chercher un job pour les grandes vacances.

b) ☐ Elle a déjà été interviewée pour un job pour les grandes vacances.

c) ☐ Elle a déjà rencontré le propriétaire du restaurant.

d) ☐ Elle va faire la cuisine dans un restaurant.

e) ☐ Elle va commencer à six ou sept heures chaque matin.

f) ☐ Elle va gagner six cents francs.

2 Indiquez si la personne qui parle est **contente** (✔) ou
pas contente (✘) de son travail ou **indifférente** (✔✘). [5]

a) ☐ Nathalie

b) ☐ Georges

c) ☐ Mahmoud

d) ☐ Suzanne

e) ☐ Roger

3 Ecoutez Lydie qui compare son nouveau lycée avec son ancien collège.
Notez en français **trois** différences. [3]

Exemple: _____plus grand_____

LYCÉE

COLLÈGE

a) _____

b) _____

c) _____

4 Answer in ENGLISH.

Listen to two boys discussing military service.
List the reasons given **for** and **against** doing military service. [5]

for	against

● Speaking Test

Foundation

Vous rencontrez un(e) jeune français(e). Posez **quatre** questions pour trouver:

- son nom
- son âge
- ses frères/sœurs
- ses hobbies/intérêts

Foundation/Higher

Un groupe de jeunes français visite votre école. Vous parlez avec un(e) des élèves. Posez des questions sur son école en France. Répondez, si l'élève vous pose une question.

COLLÈGE

👫 x 300? 500? ...?

❤ 💔 ?

devoirs ?   sports ?

Higher

Vous avez cherché du travail pour les grandes vacances. Maintenant c'est l'interview. Répondez aux premières questions sur votre ville, votre famille, et peut-être d'autres sujets aussi.

Voulez-vous travailler pendant les vacances?

Ecrivez-nous si vous êtes intéressés pour travailler

dans un hôtel quatre étoiles tout près de la mer.

H O T E L · D E · L A · P L A G E

☎ 35.46.23.51

Oral presentation

Suggested topic: **Les études et le travail**

Avantage 4 Assessment Pack © Heinemann Educational 1996 Special copyright conditions apply.

● *Speaking Test: Teacher's card*

Rôle-play

Foundation

Teacher's answers

Je m'appelle Daniel(le).

J'ai seize ans et demi.

Je suis fils/fille unique.

J'adore le ski nautique et les films américains.

Foundation/Higher

Teacher's answers

Il y en a quatre cent vingt, à peu près.

J'adore la musique, mais je n'aime pas du tout les sciences.

J'ai beaucoup de devoirs, presque tous les soirs.

Je fais très peu de sport à l'école.

(unpredictable element) Tu es heureux/heureuse à l'école? Pourquoi?/Pourquoi pas?

Higher

Teacher's questions

D'où venez-vous, exactement?

Voulez-vous me décrire un peu votre famille?

Quelle sorte de personne êtes-vous?

Pourquoi voulez-vous travailler dans notre hôtel?

General conversation

Teacher's questions

Foundation and Higher

Teachers are recommended to choose a selection of the general conversation questions from Modules 1-5.

Reading Test: Foundation

1 Choisissez la bonne image. Ecrivez A, B, C etc. sur la liste. [4]

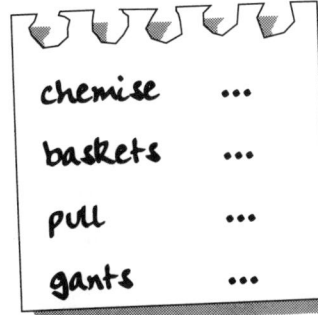

chemise ...

baskets ...

pull ...

gants ...

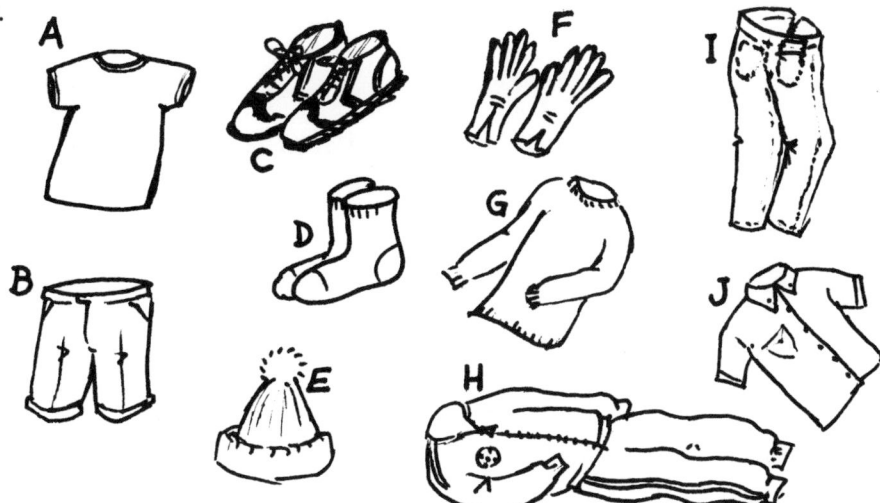

2 Indiquez l'heure de l'interview. [2]

☐ : ☐

Nous vous invitons de venir voir Madame Duchesne, la directrice, le jeudi 13 juillet à onze heures et demie du matin.

3 Remplissez les blancs; choisissez le bon mot dans la liste. [2]

sympathique
généreux
sportif
poli
studieux
méchant

Mon frère est tout à fait différent de moi. Il est _____ :
il adore tous les cours à l'école, mais moi, je ne travaille pas très dur en
classe, je suis plutôt _____ , je préfère jouer au hockey
ou au tennis.

4 Answer in ENGLISH.

Claudine is advertising for a penfriend.
What sort of person is she looking for. (Give **three** details.) [3]

> *J*e cherche un(e) correspondant(e) avec les mêmes goûts que moi: collectionneur de posters, amateur d'animaux, passionné de mode.
>
> **— Claudine Latouche, BP 3612 ——**

_____

_____

_____

Avantage 4 Assessment Pack © Heinemann Educational 1996 Special copyright conditions apply.

Reading Test: Foundation/Higher

1 **a)**   Indiquez (✔) le travail le plus populaire. [1]

    b)   Indiquez (✘) le travail qui n'est pas mentionné. [1]

Sondage: Comment travaillent nos jeunes?

Nous avons fait un sondage parmi un groupe de 100 jeunes (âgés de 15 à 17 ans) pour découvrir s'ils ont un petit travail pour gagner un peu d'argent de poche. Les résultats indiquent que le travail le plus populaire chez les jeunes, c'est aider dans les petits magasins le samedi après-midi et pendant les vacances scolaires. On a noté aussi que plusieurs jeunes font du babysitting, s'occupent d'animaux ou travaillent comme pompistes.

2 Lisez.

Indiquez **vrai** (V)
ou **faux** (F) ou
on ne sait pas (?).

> **C**ette région change de caractère depuis une dizaine d'années. Autrefois c'était principalement une région industrielle, avec des usines qui fabriquaient du tissu, des chaussures et des vêtements. Beaucoup d'usines ont fermé, et l'économie dépend aujourd'hui du tourisme et du commerce.

    a) ____   La région était autrefois une région touristique. [1]

    b) ____   Il y a aujourd'hui moins d'usines qu'avant. [1]

    c) ____   La région est différente aujourd'hui. [1]

3 Answer in ENGLISH.

Here is a letter, and part of its reply, printed in an 'advice column' in a magazine.

> **Q** J'aimerais devenir pilote. Quels conseils pouvez-vous m'offrir?
>
> **R** D'abord les études: vous devez faire des études plutôt scientifiques-matheuses et techniques. Mais n'oubliez pas qu'il est important de connaître une langue étrangère, surtout l'anglais.
>
> Vous devez avoir une personnalité calme et courageuse, et avoir aussi le goût du voyage.

    a) What does the writer want to know? _____ [1]

    b) Summarise the main points in each section of advice. _____

    _____

    _____

    _____ [5]

Reading Test: Higher

1 Suzanne fait un séjour en Ecosse, chez sa correspondante, Georgina.
Voici sa première lettre à ses parents.

> Je suis bien arrivée hier, à l'heure prévue. On a fait un bon voyage, le train était très rapide mais le trajet a été très long quand même. Georgina, ma corres, n'a pas pu venir me chercher à la gare parce qu'elle assistait à une réunion, donc c'est sa mère qui est venue me chercher en voiture. Elle est très gentille mais on a eu des difficultés pour se faire comprendre! Elle m'a proposée un petit snack en arrivant, mais vraiment je n'avais pas faim parce que j'avais grignoté sans cesse pendant le voyage. Georgina est rentrée vers dix heures, on a discuté un peu. Ça m'a fait grand plaisir de la revoir.

Soulignez ce qui est **vrai**. [4]

a) Le train est arrivé en retard.

b) Suzanne a mangé dans le train.

c) Georgina était à la gare pour accueillir Suzanne.

d) Suzanne est allée à la maison en auto.

e) Le père de Georgina était à la maison.

f) La mère de Georgina parle bien français.

g) Suzanne a aimé la mère de Georgina.

h) La mère de Georgina avait préparé un grand repas pour Suzanne.

i) Georgina et Suzanne s'étaient déjà rencontrées.

2 a) Quel âge a probablement Julie? Justifiez votre réponse. [2]

_____
_____

b) Elle est heureuse au collège? Justifiez votre réponse. [2]

_____
_____

> •••••• **Je n'ai aucune copine** ••••••
> Mon principal problème est que je n'ai aucune copine. Ah si! J'en ai une, mais elle aime tout le monde et tout le monde l'aime. Je ne me sens à l'aise avec aucun(es) camarade(s) de mon collège et je m'ennuie souvent. C'est ma première année de collège et j'en suis fort déçue.
> Ah! Qu'est-ce que je ne donnerais pas pour retourner en primaire. On s'y pose beaucoup moins de questions. Je trouve que l'adolescence est un très mauvais moment à passer et je suis pressée d'en sortir.
>
> ~~~ **Julie** ~~~

3 Answer in ENGLISH.
Read this letter from a French school to its new English 'assistant'.

a) How many hours a week will the assistant have to work? [1]

_____

b) How might this change? [1]

_____

c) Which days are specifically mentioned, and why? [4 ÷ 2]

_____
_____

d) How big will the assistant's classes be? [1]

_____

e) What is she asked to take with her and why? [2]

_____
_____

> Le Lycée Jules Ferry est un lycée mixte qui accueille des jeunes de 14 à 19 ans. Vous vous occuperez de ceux qui préparent leur bac. Vous travaillerez douze heures par semaine; vous ne travaillerez ni le mercredi ni le jeudi, mais vous aurez deux cours le samedi matin. Il y a possibilités de faire des heures supplémentaires pour gagner un peu plus d'argent.
>
> Vous travaillerez avec de petits groupes, mais pas avec des classes entières, et vous ferez avec eux du travail oral. Pourriez-vous apporter avec vous de l'Angleterre magazines, livres, journaux, disques, vidéos, tout ce qui pourrait intéresser nos élèves - s'ils sont intéressés, ils parleront plus facilement!

Avantage 4 Assessment Pack © Heinemann Educational 1996 Special copyright conditions apply.

Writing Test

Foundation

Vous cherchez un(e) correspondant(e). Complétez la fiche.

Nom _____ **Prénom** _____

Age _____ **Date de naissance** _____

Famille

_____

_____

Description personnelle (yeux, cheveux, taille)

_____

_____

_____

Passe-temps préférés

_____

_____

_____

Foundation/Higher

Vous recevez une lettre d'un adolescent français, qui va passer deux semaines chez vous.

Répondez en français à ses questions. (80 mots)

> Je peux te confirmer que j'arriverai le 2 août chez vous, et que je vais rester deux semaines. Comment est ta maison? Est-ce que je vais avoir une chambre à moi seul, ou est-ce que je vais partager avec toi?
>
> Comment sont les autres membres de ta famille? Peux-tu me les décrire?
>
> Est-ce qu'il fait beau en Grande Bretagne en août? Je pense à mes vêtements — qu'est-ce que tu me recommandes pour mon séjour?

Higher

A la fin d'un article **«Les jeunes et le monde du travail»**, vous lisez:

«Ecrivez-nous pour nous raconter vos expériences du monde du travail, et vos idées.»

Ecrivez un petit article (100 mots) sur 'le travail'.

Parlez de vos expériences et de vos ambitions.

Inventez si nécessaire.

Listening Test: Foundation

1 Quel est le plat du jour? Cochez (✔). [1]

A	B	C	D

2 Choisissez le bon dessin. Ecrivez A, B, C ou D. ☐ [1]

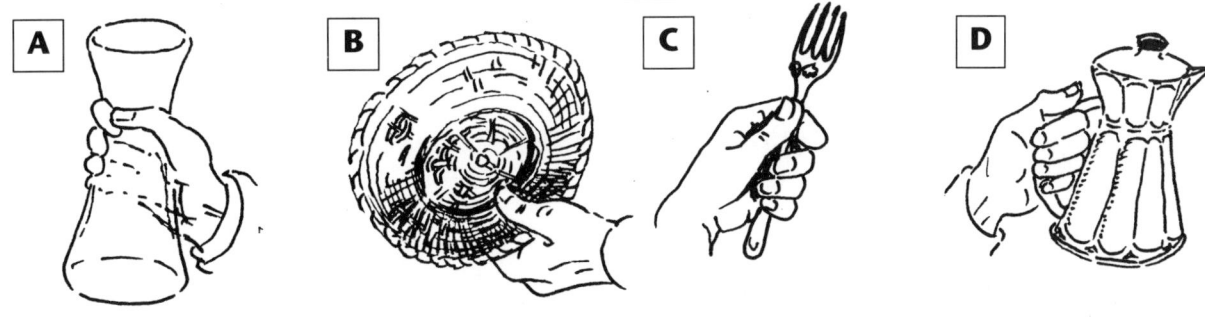

A	B	C	D

3 Ecrivez le 'prix promotion'. [2]

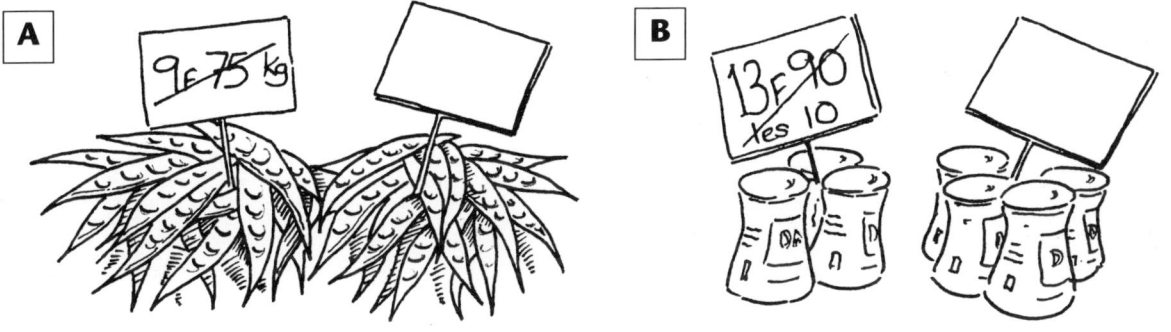

4 Ecoutez Elodie. Qu'est-ce que sa famille boit? Complétez le tableau, en cochant (✔). [4]

	🍷	🍶	🍾	🍾
papa				
maman				
sœur				
Elodie				

5 Answer in ENGLISH.

A French boy is staying with you. Write down in English the vegetables which he says he does not like. [2]

_____

Avantage 4 Assessment Pack   © Heinemann Educational 1996   Special copyright conditions apply.

● *Listening Test: Foundation/Higher*

1 Quel ingrédient n'est pas mentionné? Cochez (✔) le bon dessin. [1]

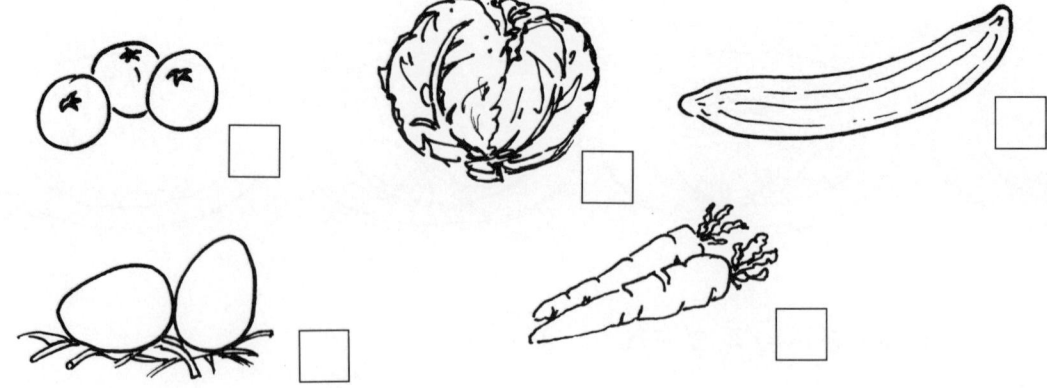

2 Indiquez (✔) si c'est **au début**, **pendant** ou **à la fin** d'un repas. [7]

	a)	b)	c)	d)	e)	f)	g)
au début							
pendant							
à la fin							

3 On est à la charcuterie. Complétez le tableau. [6]

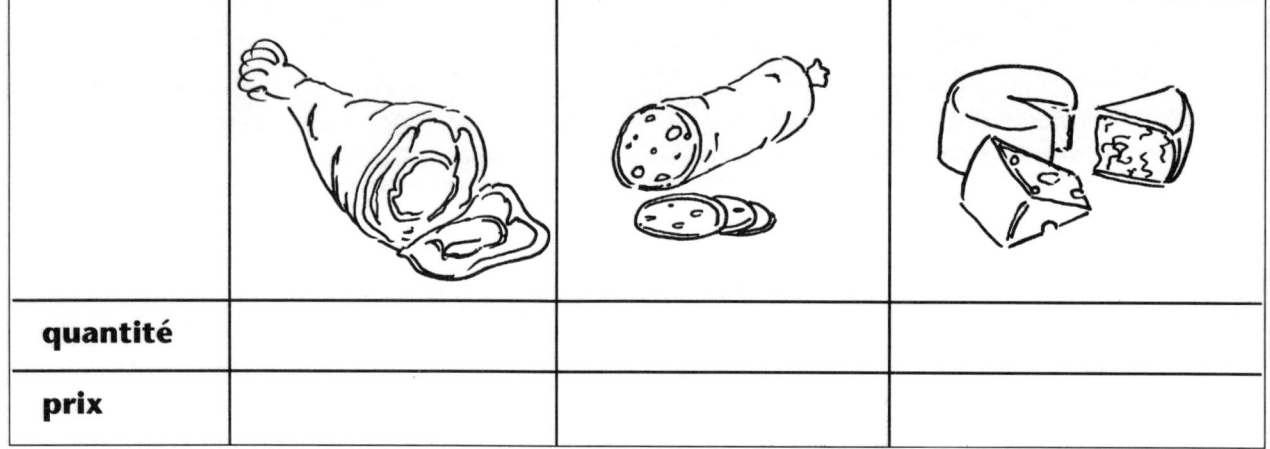

quantité			
prix			

4 Answer in ENGLISH.

In a French restaurant, explain to the people you are with
what the waiter is saying or asking.

a) _____ [1]

b) _____

_____ [2]

c) _____ [1]

d) _____

_____ [2]

Listening Test: Higher

1 Complétez, en français. [1]

Samedi, la famille va ....

2 Indiquez les ingrédients mentionnés:

    A   pour l'omelette espagnole; [3]   B   pour le thon normand. [4]

3 Indiquez si c'est **vrai** (V), **faux** (F), ou si **on ne sait pas** (?). [5]

  a)   ☐ Elle mange souvent un fruit pendant la récréation, au collège.

  b)   ☐ Elle trouve que les repas de la cantine ne sont pas bons.

  c)   ☐ Elle a souvent faim quand elle rentre de l'école.

  d)   ☐ Au dîner, elle mange froid.

  e)   ☐ Le soir, elle prend un petit snack avant de se coucher.

4 Ecoutez. Complétez avec le nom d'un élève. Laissez un blanc si nécessaire. [6 ÷ 2]

  a) .... se plaint parce que les plats ne restent pas chauds.

  b) .... pense que les repas à la cantine coûtent trop cher.

  c) .... préférerait manger à la maison.

  d) .... trouve qu'il n'y a rien pour les végétariens.

  e) .... pense qu'il n'y a pas suffisamment de nourriture.

  f) .... trouve qu'il n'y a pas assez de choix.

5 Answer in ENGLISH.

Your penfriend tells you about when she was in Britain. Note down **three** items of food or drink which she mentions, note down whether she liked it or not, and note one thing she says about each one. [9]

Item	Like/ Dislike	Further comment
a)		
b)		
c)		

Avantage 4 Assessment Pack © Heinemann Educational 1996 Special copyright conditions apply.

Speaking Test

Foundation

Au marché. Achetez des fruits et des légumes.

- -

Foundation/Higher

Chez une famille française, vous discutez juste avant le déjeuner. Répondez, ou posez des questions.

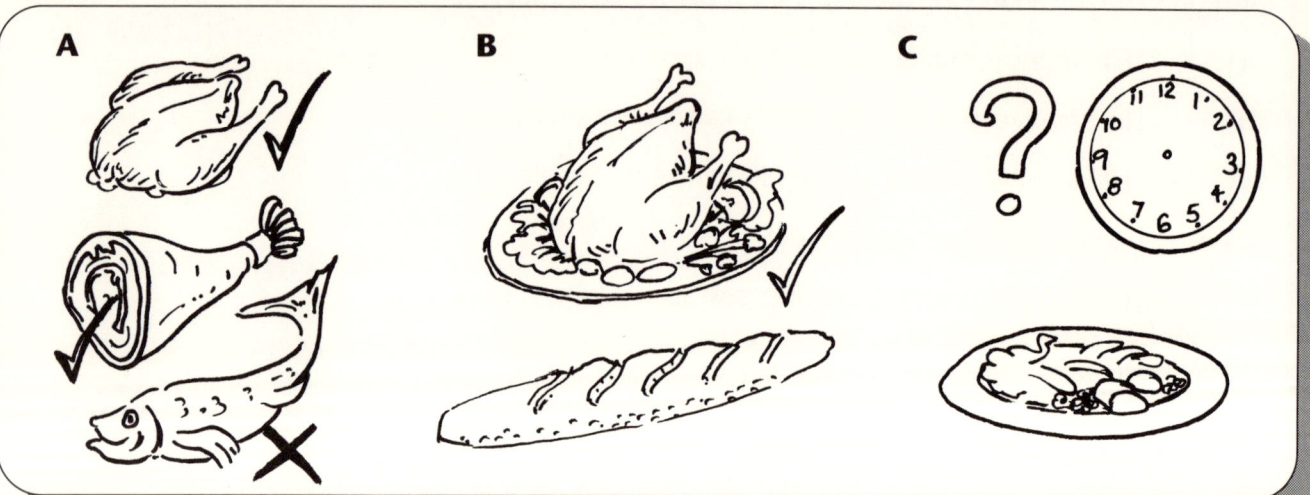

- -

Higher

Votre correspondant français est chez vous. Vous décidez de manger au restaurant.

Posez des questions à votre correspondant pour savoir ses goûts et ses préférences.

"The Hot Potato"
* * * * *
* Much more than a snack *
* Full range of delicious dishes *
* Vegetarian meals our speciality *
* * * * *

Pizzeria Santa Lucia
Italian food at its best

— **Raj** —
Finest Indian Cuisine

The
Steak-out
Enjoy eating out
Enjoy our wide range
of tasty steaks

Oral presentation

Suggested topic: **La bouffe chez nous**

● *Speaking Test: Teacher's card*

Rôle-play
Teacher's rôle

Foundation

(teacher plays part of stall-holder)

Qu'est-ce que vous désirez?

C'est neuf francs. Avec ça?

Oui, j'ai des poires … là-bas.

Voilà. Cinq poires.

Ça fait treize francs vingt en tout.

Foundation/Higher

(teacher plays part of host)

Qu'est-ce que tu aimes manger?

Comment aimes-tu manger le poulet?

On mange vers une heure et demie.

(for unpredictable element:)
Tu veux manger quelque chose en attendant?

Higher

(teacher plays part of penfriend)

Answers according to what is asked, but should try to include the following (unpredictable) elements:

    doesn't like red meat;

    has never eaten Indian food;

    likes pizzas.

General conversation
Teacher's questions

Foundation

- A quelle heure est-ce que vous prenez le petit déjeuner, d'habitude?

- Que mangez-vous? Vous buvez quelque chose avec ça?

- Que mangent les autre membres de votre famille au petit déjeuner?

- Le weekend, c'est différent?

- Et à midi, où mangez-vous? C'est bon?

- Quel est votre plat/repas préféré?

- Quelle est votre boisson préférée?

- Vous aimez les fruits? Lesquels, en particulier?

- Vous mangez au restaurant quelquefois? Quand? Quelle sorte de restaurant?

Higher

Ask the foundation questions then ask the following questions:

- La dernière fois que vous avez mangé dans un restaurant, c'était quand? Où? Qu'est-ce que vous avez commandé?

- Pour votre anniversaire, qu'est-ce que vous préférez manger?

- Quel est votre repas idéal?

- Vous avez visité un autre pays? Si oui, qu'est-ce que vous y avez mangé?

- A votre avis, vous mangez trop ou juste assez?

- Qu'est-ce que vous mangez qui est bon pour la santé?

- Vous aimez cuisiner? Qu'est-ce que vous savez/aimez cuisiner? Expliquez-moi comment faire ça?

Reading Test: Foundation

1 Cochez (✔) les fruits et les légumes qui sont sur la liste. [7]

poires

ananas

citrons

raisin

tomates

concombre

oignons

2 Devant une charcuterie vous voyez …

Spécial aujourd'hui

Côtes de porc rôti 64f le kilo

Poulet rôti 45f la pièce

Pâté de campagne 9f les 100g.

Saucisson à l'ail 7f50 les 100g.

Ecrivez le prix. [2]

3 Qui prend le goûter après l'école? Indiquez **oui** (✔) ou **non** (✗), ou **on ne sait pas** (?). [5]

a) ☐ Je mange un petit snack en rentrant du collège.

b) ☐ Je préfère attendre l'heure du dîner.

c) ☐ Je n'ai jamais faim à quatre heures et demie.

d) ☐ Je fais mes devoirs quand j'arrive chez moi.

e) ☐ Je ne peux pas attendre deux heures pour manger, je prends toujours un petit quelque chose.

4 Answer in ENGLISH.

a) Write in English the three choices of dessert on this menu. [4]

Glaces Maison (café/vanille/chocolat/fraise)   _____

Tarte aux Poires   _____

Gâteau 'Forêt Noire' au chocolat   _____

b) At the bottom of the dessert menu, you read this. Explain what it tells you. [2]

Plateau de fromages – supplément de 10 francs   _____

Reading Test: Foundation/Higher

1 Sur le menu, <u>soulignez</u> les plats proposés pour quelqu'un qui ne mange pas de viande. [4]

> ## Les Entrées
> * pâté de campagne
> * potage de légumes
> * omelette aux fines herbes
> * jambon fumé
>
> ## Les Plats
> •• faux-filet grillé
> •• coq au vin
> •• saumon grillé
> •• spaghettis aux champignons
>   et à la sauce tomate

2 Cochez (✔) les choses que les correspondants prennent **tous les deux** au petit déjeuner. [2]

> Au petit déjeuner, j'aime bien prendre des céréales, comme les Anglais, avec des toasts. Si j'ai vraiment faim, je mange des biscuits fourrés au chocolat. Je n'aime pas les boissons chaudes comme le café ou le thé, mais de temps en temps je bois un jus d'orange.

> Le matin, je ne mange pas beaucoup. Je n'ai pas le temps de manger des céréales, je prends du pain grillé en vitesse, avec un jus de fruit. Quelquefois, surtout en hiver, je prends un café noir.

3 Lisez cet extrait. Copiez les mots français qui indiquent:

  a) où la famille est allée: ....

  b) quand la famille est sortie: ....

  c) l'occasion fêtée: ....

  d) les deux viandes choisies: ....

  ....

  e) les deux boissons: ....

  ....

  f) leur opinion: .... [8]

> Le weekend dernier, c'était l'anniversaire de ma sœur. Nous sommes allés au restaurant. C'était super. Moi, j'ai mangé un gros steak au poivre suivi d'une salade de fruits. Les autres ont mangé du poulet. Comme boisson papa a commandé du vin rouge, mais nous les jeunes, nous avons préféré boire un jus de fruits.

4 Answer in ENGLISH.
These are extracts from a book of cooking hints. In each case, write the **food item** and summarise the **hint**. [6]

	Food item	Hint
a)		
b)		
c)		

> **a** Quand vous préparez des meringues, vous n'avez pas immédiatement besoin des jaunes d'œuf. Pour les conserver un jour ou deux, mettez-les dans une tasse, et recouvrez les jaunes d'œuf avec un peu d'eau froide.

> **b** Préparez votre salade de fruits quelques heures à l'avance; mais évitez de mettre des bananes, car elles noircissent et nuisent à la bonne présentation de votre dessert; ou alors, mettez-les au dernier moment.

> **c** Pour peler facilement des tomates crues, trempez-les entièrement 5 secondes dans de l'eau très chaude.

Avantage 4 Assessment Pack © Heinemann Educational 1996 Special copyright conditions apply.

Reading Test: Higher

1 Complétez la recette; choisissez les mots dans la liste. [6]

versez

ajoutez

cassez

laissez

mélangez

pesez

La Pâte Aux Crêpes
.... cent grammes de farine; .... un œuf et
.... l'œuf et la farine dans un mixer.
.... une pincée de sel et .... lentement un quart
de litre de lait, pendant que le mixer est en marche. Ensuite, ...
la pâte pendant vingt minutes avant de préparer les crêpes.

2 Lisez. Cochez (✔) ce que cette personne choisirait. [2]

> Autrefois j'étais végétarienne, mais en France cela est très difficile, car il y a très peu de végétariens. Alors, maintenant si on me propose du poulet ou du porc, j'en mange un petit peu. Mais la viande rouge, c'est autre chose – une fois, j'ai été malade, rien qu'en sentant l'odeur. Je suis allergique aux jaunes d'œufs, j'évite donc de manger des omelettes, et même des gâteaux s'ils contiennent des œufs entiers. Je ne mange jamais de cacahuètes – non pas parce que j'y suis allergique, mais simplement parce que je ne les ai jamais aimés.

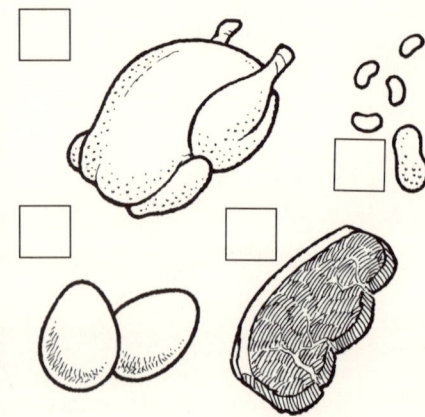

3

Suivez Un Nouveau Régime!

Si vous avez déjà essayé des régimes traditionnels sans succès, il est temps de suivre notre régime PLAN P. C'est un régime que tout le monde appréciera car on peut manger des choses sucrées (comme par exemple du chocolat et des bonbons). L'essentiel, c'est de manger des fruits à chaque repas – tous les fruits, à volonté. Ce qu'il faut éviter, c'est tout ce qui est produit laitier – voilà le vrai ennemi de la taille mince.

a) Pourquoi est-ce que ce régime est original? _____

_____ [2]

b) Ecrivez deux exemples de 'l'ennemi de la taille'. _____

_____ [2]

4 Answer in ENGLISH. Read this magazine extract. [8]

a) What should young people do before going on a diet?

_____

b) What reassurance is given to the readers?

_____

_____

c) Why should 'pains au chocolat' be avoided?

_____

_____

d) What two bad habits are mentioned?

_____

_____

· Gare · au · régime! ·

Si vous vous sentez "mal dans votre peau" à cause de quelques kilos en trop, ne commencez jamais un régime sans prendre l'avis d'un médecin.

À votre âge, le poids n'est pas stable. Patientez. Tout se mettra bientôt en place.

En attendant, faites la chasse aux graisses: éliminez les chips ou les sauces au beurre, évitez les pains au chocolat au goûter (ils contiennent des sucres et des graisses et la combinaison des deux fait particulièrement grossir!)

Perdez aussi l'habitude de grignoter entre les repas, et n'abusez pas des boissons sucrées.

Facile non?

© Bayard Presse OKAPI No 550

Writing Test

Foundation

Votre correspondant français est chez vous.
Il propose d'aller faire les courses pour vous.

Ecrivez une liste d'articles pour le déjeuner:
10 articles en tout.

Foundation/Higher

Lisez et écrivez une réponse.
Donnez des exemples de ce que vous avez récemment mangé,
et parlez de ce que vous allez manger ce soir. (80 mots)

> Les jours de la semaine, je déjeune à la cantine de l'école, mais je préfère la cuisine de maman. Et toi, où manges-tu à midi? Qu'est-ce que tu préfères manger?
>
> Le soir nous mangeons d'habitude un potage (surtout en hiver), un plat chaud comme de la viande ou du poisson et une salade verte. Quelquefois nous prenons un dessert, mais souvent on préfère prendre un fruit ou un yaourt. Le soir, qu'est-ce que vous mangez chez vous? Qui prépare ça?

Higher

On prépare un guide de votre ville en français. A vous d'écrire la page **Restaurants**.

Parlez des restaurants;

donnez vos opinions, et aussi les opinions de vos amis;

recommandez un des restaurants – donnez les raisons pour lesquelles vous le recommandez.

Décrivez aussi un repas que vous avez mangé dans ce restaurant.

(100-120 mots)

Avantage 4 Assessment Pack © Heinemann Educational 1996 Special copyright conditions apply.

Listening Test: Foundation

1 Fill in the times in numbers. [2]

de [:] *à* [:]

2

	a) Cochez les articles recommandés. [3]	**b)** Cochez l'article choisi. [1]	**c)** Ecrivez le prix de l'article choisi. [1]

3 Où se trouve la poste?
Ecrivez **POSTE** dans la bonne rue. [1]

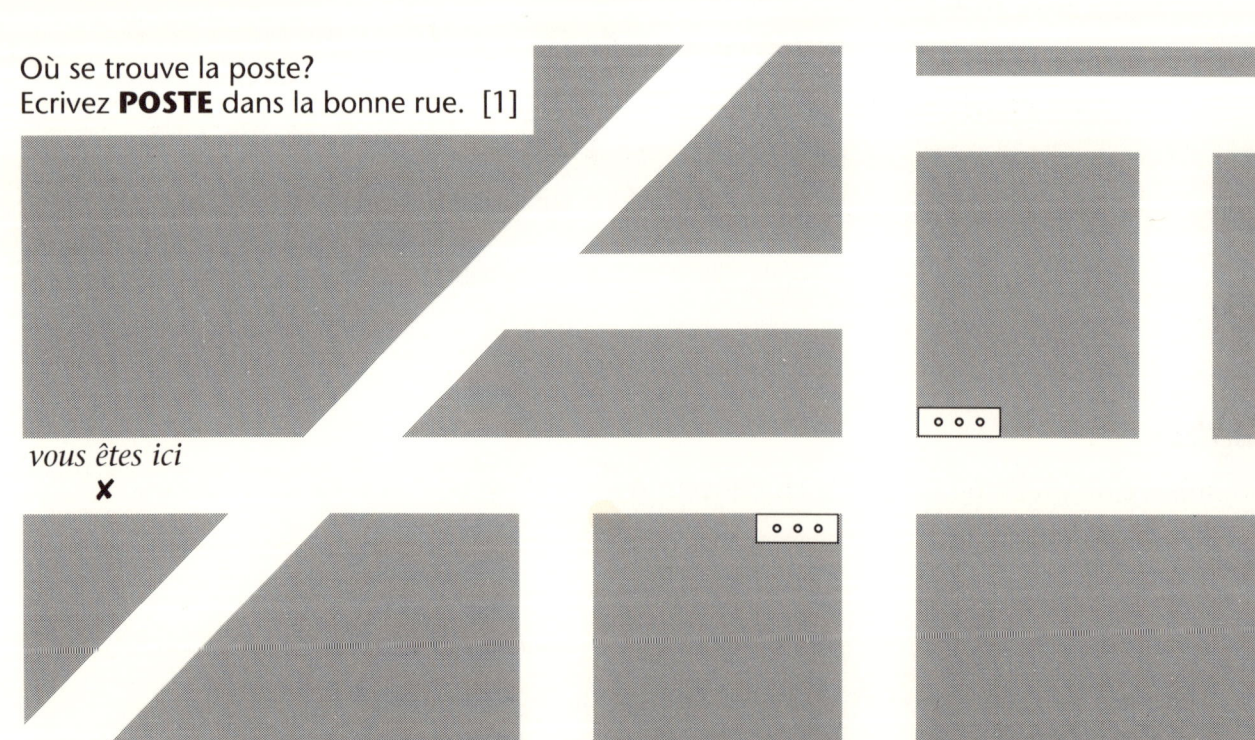

vous êtes ici
X

Listening Test: Foundation/Higher

1 Complétez. [3]

    a) Le parc d'attractions est à .... kilomètres.

    b) Le moyen de transport recommandé, c'est ....

    c) Il y en a un toutes les .... minutes.

2 Dessinez une ligne entre l'article et le magasin qui correspond. [3]

3 Ecoutez et complétez, en choisissant dans la liste. [5]
Ecoutez l'exemple d'abord.

Exemple
Je voudrais visiter la vieille ville.
Est-ce que vous avez ___un plan___ ?

    a) _____

    b) _____

    c) _____

    d) _____

    e) _____

boîte aux lettres	guichets
taille	chèques de voyage
timbres	paquets
plan	monnaie
cartes	pointure

4 Answer in ENGLISH.

List the places worth visiting and **two** details about each. [9]

Place	Details

Avantage 4 Assessment Pack   © Heinemann Educational 1996   Special copyright conditions apply.

Listening Test: Higher

1 Complétez. [3]

£ francs belges
1.00 = ...

commission
....

2 Répondez.

a) Qu'est-ce qu'ils décident de visiter d'abord? _____ [1]

b) Où est-ce qu'ils vont manger? _____ [1]

3 Ecoutez des opinions pour et contre la construction d'une nouvelle autoroute.

Quelle phrase correspond à l'opinion exprimée? Ecrivez a, b, c ou d dans la bonne case. [4]

☐ Je pourrai me rendre plus vite à mon travail.

☐ Construire une autoroute, ça coûte très cher.

☐ Ce sera une cause de pollution.

☐ Il faut penser à la nature, au beau paysage.

☐ Il y aura moins de circulation sur les petites routes.

☐ La circulation fera un bruit continuel.

4 Answer in ENGLISH.

You take a T-shirt back to the place where you bought it.

a) What is the attitude of the shop assistant? _____ [1]

b) What does she offer to do, and why?

_____

_____ [2]

c) You are given directions to get to another shop. On the map draw the route to the other shop and put a ✗ where the shop is. [3]

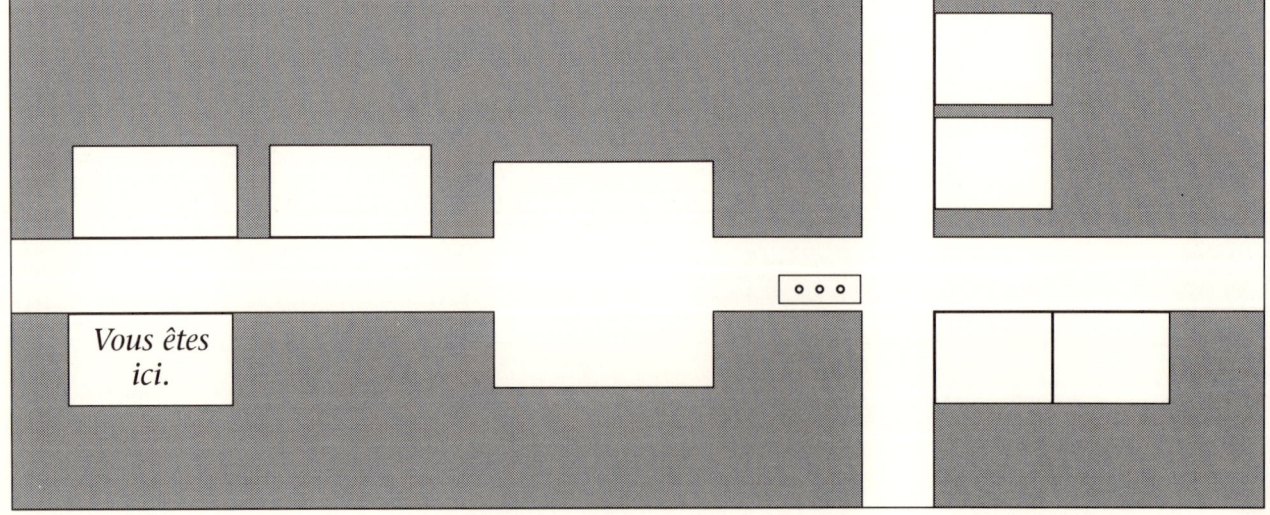

Vous êtes ici.

● Speaking Test

Foundation

Vous allez à la poste.

Foundation/Higher

A la papeterie – achetez un cadeau pour quelqu'un que vous connaissez.

Commencez: Je cherche un cadeau pour …

Higher

Vous faites le tour de votre ville avec un visiteur français.

Décrivez quatre endroits. Répondez aux questions de votre ami(e).

Oral presentation

Suggested topic: **Ma ville**

Avantage 4 Assessment Pack   © Heinemann Educational 1996   Special copyright conditions apply.

Speaking Test: Teacher's card

Rôle-play
Teacher's rôle

Foundation

(teacher plays part of post office clerk)

Vous désirez?

Deux francs cinquante.

Voilà. Ça fait dix francs.

A gauche, en sortant.

Foundation/Higher

Quel âge a (votre sœur, votre ami etc.)

Combien voulez-vous dépenser?

Quelle couleur préférez-vous? etc.

(Vary questions and responses as appropriate to what the pupil says.)

Higher

Ask appropriate questions, e.g.

Marché:

Montre:

C'est ouvert quand?

Qu'est-ce qu'on peut y acheter?

Eglise:

Elle a été construite quand?

Restaurant:

Vous avez déjà mangé ici?

Comment vous le trouvez?

Quelle sorte de restaurant préférez-vous?

Centre sportif:

Qu'est-ce qu'on peut faire ici?

Vous y allez souvent?

General conversation
Teacher's questions

Foundation

- Le centre-ville est loin de chez vous? Combien de minutes à pied/en voiture?
- Quels magasins y a-t-il dans votre ville?
- Comment s'appelle votre magasin préféré?
- C'est quelle sorte de magasin? Qu'est-ce qu'on peut y acheter?
- Combien est-ce que vous payez … (un jean/un sweat etc.) d'habitude?
- La dernière fois que vous êtes allé(e) en ville, c'était avec qui?
- Qu'est-ce que vous avez/il a/elle a acheté?
- Combien avez-vous dépensé?

Higher

Ask the foundation questions then ask the following questions:

- Qu'est-ce qu'il y a d'intéressant dans votre ville/village?
- Qu'est-ce que vous recommanderiez à un visiteur? Décrivez-le (la, les).
- Combien d'argent de poche recevez-vous par semaine?
- Qu'est-ce que vous en faites?
- Vous économisez … pour quoi faire?
- Si vous aviez beaucoup d'argent, qu'est-ce que vous achèteriez?

Reading Test: Foundation

1 Which part of the store would you go to for sweets? Write A, B, C or D. ☐ [1]

QUINCAILLERIE	VIENNOISERIE	CONFISERIE	CROISSANTERIE
A	**B**	**C**	**D**

2 Indiquez la **Poste** sur le plan. [1]

**Poste
après le pont à
droite**

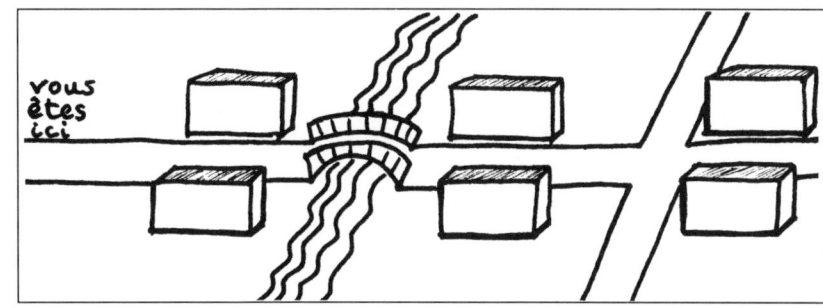

3 Qu'est-ce qu'elle a acheté?
Cochez (✔). [3]

Pour maman j'ai acheté des boucles d'oreille, et pour papa j'ai choisi des chaussettes; pour ma meilleure copine, j'ai acheté un joli stylo-bille.

4 **Ouvert** ou **fermé**? Ecrivez. [4]

Exemple	a)	b)	c)	d)
Ouvert tous les jours sauf le mardi de 11ᴴ à 19ᴴ30	Heures d'ouverture mar–sam 9h–12h30, 14h30–18h	*Congé annuel jusqu'au 15 septembre*	LE DIMANCHE ON FERME À MIDI	**o u v e r t de 8ᴴ à 20ᴴ 7 jours sur 7**
jeudi 17h	*jeudi 12h*	*14 septembre 12h*	*dimanche 11h*	*dimanche 19h*
ouvert				

5 Answer in ENGLISH.
Read this advert for the Hôtel Bon Abri. Write down three advantages about the hotel. [6]

HÔTEL BON ABRI ———————

•• A cinq minutes du centre-ville

•• Situé dans une rue piétonne, pour assurer votre calme et votre repos

•• Banque et poste à proximité

_____

_____

_____

Reading Test: Foundation/Higher

1 Dessinez sur le plan la route pour aller chez Thierry et indiquez sa maison (✗). [2]

> Quand tu sors de la gare, tu tournes à gauche, et tu dois prendre la première rue à droite. Traverse le premier carrefour mais au deuxième, tourne à gauche. Notre maison est la troisième sur la gauche.

2 A quel étage est-ce qu'on trouve chaque article?
Regardez l'exemple. Tracez une ligne entre l'article et le bon étage. [7]

AU QUATRIÈME ÉTAGE		
Retaurant Toilettes	Bureau de change Agence de voyages	Meubles/Literie Lampes
AU TROISIÈME ÉTAGE		
Mode hommes Chaussures hommes		Sport Articles en cuir
AU DEUXIÈME ÉTAGE		
Jouets Électoménager	Électronique Photographie	Radio/TV
AU PREMIER ÉTAGE		
Mode femmes et enfants	Chaussures femmes	Lingerie
AU REZ-DE-CHAUSSÉE		
Alimentation Bijouterie	Cosmétique Parfumerie	Disques Librairie/Papeterie
AU SOUS-SOL		
Cadeaux Verrerie et porcelaine		Self Toilettes

Exemple

3 Answer in ENGLISH.
Write down one thing each person says **for** where they live
and one thing **against** where they live. [6]

Sophie L:
Il y a beaucoup à faire le soir; mais l'inconvénient, c'est qu'il y a beaucoup de bruit dans les rues, même après minuit.

Martin T:
J'habite dans un grand immeuble, au treizième étage. Il y a des vues superbes de la ville entière. L'inconvénient, c'est qu'on n'a pas de jardin.

Bobby C:
J'habite à la campagne. Il y a très peu de distractions, surtout le weekend. Mais le grand avantage, c'est qu'on peut s'amuser en plein air sans danger.

	for	**against**
Sophie		
Martin		
Bobby		

● *Reading Test: Higher*

1 Faites correspondre chaque plainte avec le bon dessin. Ecrivez A, B, C, D, E ou F dans la bonne case. [3]

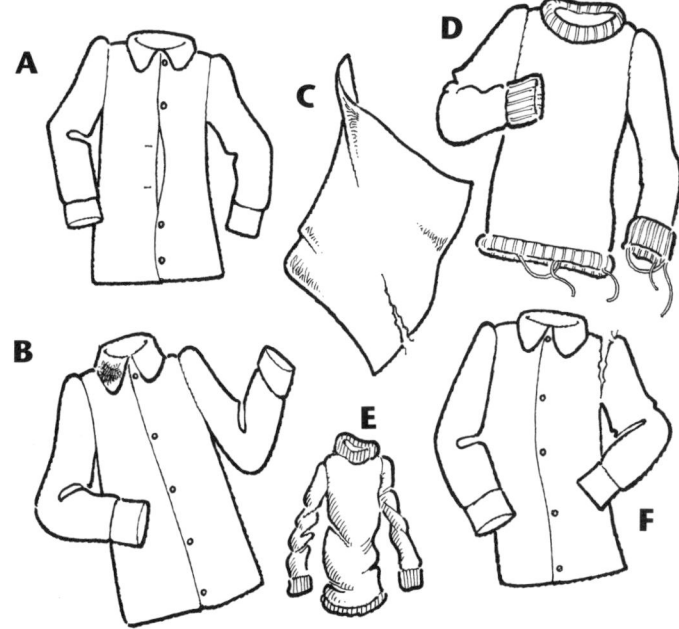

a) ☐ Samedi dernier, j'ai acheté un chemisier dans votre magasin, et je viens de remarquer une tâche sur le col.

b) ☐ J'ai lavé le pullover une fois seulement, et il est devenu beaucoup plus court et plus serré …

c) ☐ … mais quand j'ai sorti l'écharpe de mon sac, j'ai vu qu'elle était déchirée.

2 Complétez chaque phrase. [7]

> **C**eux qui, comme moi, reviendront à la ville après une absence de quelques années, remarqueront que Croisy a quelque chose de neuf. Une gare complètement restaurée et des trains plus fréquents et plus rapides pour Paris. Et près de la gare, là où autrefois se trouvait un marché aux animaux, il y a maintenant un grand centre sportif avec piscine climatisée et multigym. Pour les êtres humains, pas les animaux, bien sûr. Dans les rues étroites du vieux quartier on ne voit plus de circulation, car ces rues sont maintenant interdites aux voitures, sauf après onze heures du soir. Je vois, près du vieux port, un nouveau petit camping, tranquille et confortable, et à côté, un complexe de magasins souterrains, avec parking garanti. C'est bien, c'est moderne, mais ce n'est plus la ville que j'avais laissée et – malheureusement – je l'aime beaucoup moins.

a) .... a été transformé en centre sportif.

b) .... a été modernisée.

c) Dans la .... ville, il y a maintenant des .... piétonnes.

d) Il y a un terrain de .... située près ....

e) Il y a un .... dans le complexe commercial.

3 Answer in ENGLISH.
Read the article.

a) Write down four of the improvements that have been made to their area as a result of the young peoples' actions. [4]

_____

_____

_____

b) What is taking place on 26th June? [1]

_____

On ne veut plus d'un quartier sale

Les jeunes de la cité des Iles à Bonneville (74) en avaient assez de vivre dans un quartier "sale et pas joli". Ils ont décidé de l'embellir. Ils l'ont nettoyé, en posant en même temps des affiches humoristiques pour appeler tous les habitants du quartier à plus de propreté.

Après discussion, la société qui gère les HLM de la cité s'est engagée à planter des arbres et un massif de fleurs, et à installer des lieux d'affichage protégés. Elle a aussi promis deux paniers de basket et la rénovation des tables de ping-pong de la cité.

Une grande fête du quartier aura lieu le 26 juin. Ce sera l'occasion pour tous ces jeunes de préparer une exposition dans laquelle ils expliquent leur action en faveur de la nature. © Bayard Presse OKAPI No 542

Writing Test

Foundation

Ecrivez la légende.

Légende

....

....

....

....

....

....

POL ....

....

....

SNCF ....

....

....

Un plan de la ville

Foundation/Higher

Ecrivez une réponse à cet extrait (80-90 mots). N'oubliez pas de répondre aux questions.

Décrivez les magasins près de chez vous.
Parlez un peu des magasins que vous aimez.
Parlez des prix des vêtements à la mode.

> Est-ce qu'il y a beaucoup de magasins près de chez toi? Moi, j'habite à quinze minutes du centre-ville, j'y vais à pied tous les samedis après-midi. Il y a plusieurs magasins de vêtements et des petites boutiques qui sont chics mais chères. L'autre jour, j'ai acheté un jean que j'ai payé trois cents francs. C'est un peu cher, tu ne trouves pas? Combien est-ce qu'on paie les vêtements à la mode en Angleterre?

Higher

Ecrivez une lettre (100-120 mots) au syndicat d'initiative de Tours, pour vos voisins (qui voudraient visiter Tours l'été prochain).

Donnez des informations sur ces voisins et leurs intentions (dates … durée du séjour … transport).

Posez des questions sur, par exemple, les possibilités de logement, les endroits touristiques, le climat.

Demandez des brochures, des plans etc.

● *Listening Test: Foundation*

1 Indiquez (✔) les sports préférés. [5]

a)								
b)								
c)								
d)								

2 Indiquez (✔) le jour et le sport. [4]

lun								
mar								
mer								
jeu								
ven								
sam								
dim								

3 Elle souffre de quoi? Cochez (✔) la bonne image. [1]

4 Le rendez-vous chez le dentiste, c'est quand?
Indiquez sur les montres. [2]

entre  *et*

5 Answer in ENGLISH.
Write where and when to meet. [6]

	where	**when**
a)		
b)		
c)		

Avantage 4 Assessment Pack © Heinemann Educational 1996 Special copyright conditions apply.

Listening Test: Foundation/Higher

1   Quel sport a-t-il pratiqué l'été dernier? <u>Soulignez</u>. [1]

2   Répondez en français.

   a) Quel sport fait-elle régulièrement? _____ [1]

   b) Quel sport voudrait-elle faire? _____ [1]

3   Complétez en français.

   Il a eu mal au .... après avoir joué au ....   [2]

4   Qu'est-ce qu'ils décident de faire? Cochez (✔) **a**, **b**, **c** ou **d**. [1]

   a)   ☐   Ils décident de faire du vélo.

   b)   ☐   Ils décident de faire leurs devoirs.

   c)   ☐   Ils décident de regarder un film.

   d)   ☐   Ils décident de faire des achats.

5   Answer in ENGLISH.

   Note down the doctor's instructions. [3]

> **INSTRUCTIONS**
>
> How many tablets? _____
>
> How often? _____
>
> Other instructions _____

● *Listening Test: Higher*

1 Ecoutez Lydie qui parle des sports. Indiquez **vrai** (V) **faux** (F) ou **pas mentionné** (?). [6]

a) ☐ Lydie préfère la mer plutôt que la piscine.

b) ☐ Elle ne va jamais à la piscine.

c) ☐ Elle n'a jamais fait de ski.

d) ☐ Elle ira aux sports d'hiver l'année prochaine.

e) ☐ Elle souffre souvent du pied.

f) ☐ Selon le docteur, elle doit faire le maximum de sport possible.

2 Pourquoi Alice (A), Boris (B) et Cécile (C) ne peuvent-ils pas sortir?
Indiquez (A, B, C) les raisons. [3]

3 Le rendez-vous avec le médecin, c'est quand?

_____ [2]

4 Answer in ENGLISH.

Listen to a French girl talking about a weekend away on a school trip.

a) What is special about this trip?

_____

_____ [2]

b) Summarise the girl's feelings.

_____

_____ [2]

Avantage 4 Assessment Pack © Heinemann Educational 1996 Special copyright conditions apply.

● Speaking Test

Foundation

Vous êtes malade

Un jour, chez votre correspondant, vous êtes malade. Parlez avec sa mère.

Foundation/Higher

Parlez de votre sport préféré

Quel sport?
Quand?
Où?
Avec qui?
Pourquoi?

Higher

On décide de faire une activité

Chez votre correspondant(e), vous discutez de vos projets pour aujourd'hui.

Commencez la conversation. **Mais** vous n'êtes pas d'accord avec la première suggestion.

Oral presentation

Suggested topic: **Comment je me relaxe**

⬤ Speaking Test: Teacher's card

Rôle-play
Suggested teacher's rôle

Foundation

Tu es malade?

Tu veux quelque chose?

Foundation/Higher

The teacher could perhaps start with:

Parlez-moi de votre sport préféré.

Quand pratiquez-vous ce sport??

Où faites-vous ça?

Et vous jouez avec qui?

Pourquoi aimez-vous ce sport?

(Unpredictable element:) Et est-ce qu'il y a des sports que vous n'aimez pas?

Higher

Moi, j'aimerais faire une promenade. Ça t'intéresse?

Pourquoi pas?

Qu'est-ce que tu préfères faire alors?

Comment va-t-on faire pour manger après?

Quel temps fera-t-il aujourd'hui?

(The teacher's questions may need to be modified in the light of the discussion.)

General conversation
Teacher's questions

Foundation

- Vous faites quels sports? Où ça? Quand? Avec qui? Qu'est-ce que vous portez?
- Quel sport préférez-vous? Pourquoi?
- Quels sports n'aimez-vous pas?
- Vous préférez faire un sport, ou le regarder à la télé?

Higher

Ask the foundation questions then ask the following questions:

- Vous avez essayé un sport original ou dangereux? Parlez-en.
- Quels conseils pouvez-vous donner pour maintenir la forme?
- Vous êtes malade de temps en temps? Domnnez-moi des exemples.
- La dernière fois que vous étiez malade, qu'est-ce que vous avez pris?
- Vous avez eu un accident? (Ou est-ce que quelqu'un de votre famille a eu un accident?)
- Racontez-moi ce qui s'est passé.

Avantage 4 Assessment Pack © Heinemann Educational 1996 Special copyright conditions apply.

Reading Test: Foundation

1 Quel produit est à recommander? Encerclez le bon produit (A, B, C ou D). [1]

A

S O U L I N E

Mal à la tête?
Vous ne souffrirez plus
avec S O U L I N E

B

TARVOL

Je n'ai plus mal au cœur,
grâce à TARVOL

C

Prenez
SIROBON
contre tous
les maux
de gorge

D

Si vous avez mal au dos,
soignez-vous avec
ACTICURE

2 a) Qui ne semble pas du tout sportif? [1]

Nom: ....

b) Qui aime le plein air? [2]

Nom: ....

Nom: ....

10 ans. J'aimerais correspondre avec des filles et des garçons du monde entier. Je parle français et espagnol. J'aime beaucoup la natation, la nature et l'équitation. **(Gaby)**

Je cherche une correspondante qui parle anglais et français. J'aime le patinage, le piano, le violon et l'histoire. **(Lucille)**

13 ans. J'aimerais correspondre avec des jeunes de mon âge qui, comme moi, aiment les animaux, le dessin et les séries télévisées. **(Tania)**

J'ai 14 ans. Je désire correspondre avec des filles parlant français. J'aime la lecture, les randonnées et faire du vélo. J'adore aussi la musique moderne. **(Anne)**

3 Cochez (✔) les articles qui sont déjà dans la trousse de toilette. [4]

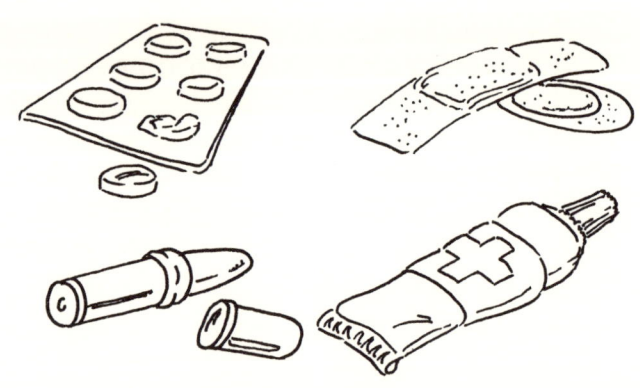

brosse à dents	......
pastilles	......
déodorant	......
rouge à lèvres	......
crème antiseptique	......
crème solaire	......
sparadrap	......
sirop	......

4 Answer in ENGLISH.
Translate these instructions on a bottle of medicine for your parents. [2]

_____

_____

`Prenez-en trois fois par`
`jour, après les repas.`

Reading Test: Foundation/Higher

1 Choisissez un dessin (A, B, C, D, E, F, G, H) pour illustrer chaque phrase. [4]

> **Soignez-vous!**
> **Soignez votre famille!**
>
> Pour garder la santé:
> - évitez le tabac
> - ne buvez que trois verres de vin maximum par jour
> - mangez des salades ou des fruits à tous le repas
> - faites une demi-heure de sport au moins deux fois par semaine

2 Lisez les réponses à la question: «Aimez-vous le sport?» et complétez le tableau. [3]

«Aimez-vous le sport?»

"Pas n'importe quel sport!"

«J'ai été dégoûté par le sport en équipe. Il y a un an, j'ai fait du foot, ils m'ont mis au but. J'étais assez bon, mais en match, je perdais tous mes moyens. Alors quand on perdait, c'était toujours de ma faute, donc je suis parti. Maintenant, je fais du tir à l'arc, c'est un sport de concentration, j'adore ça. Quand on fait une faute, on ne peut s'en prendre qu'à soi-même et on évite les ennuis!» **Simon**

"Se dépenser à fond"

«Le sport, c'est un moyen de se dépenser à fond sans penser aux problèmes qui nous entourent. C'est aussi un moyen de rencontrer de nouvelles personnes et de lier une amitié avec eux.» **Clémence**

"C'est pas mon truc"

«Moi, le sport c'est pas mon truc. J'aimerais tellement être gracieuse, souple et bonne en sport. Je dois être à peu près la dernière de ma classe dans cette fichue matière! Le sport, je vis très bien sans et je m'en passe parfaitement!» **Vanessa**

Indiquez (✔) la personne qui …	Vanessa	Clémence	Simon
… trouve que le sport vous aide à trouver de nouveaux amis			
… déteste le sport à l'école			
… préfère faire du sport tout seul, plutôt qu'avec les autres			

3 Answer in ENGLISH.

> **JON:** *Pour être en bonne forme, je nage au moins trois fois par semaine, et je fais de la musculation. Mon conseil, c'est de toujours refuser si on vous propose de la drogue.*
>
> **ELODIE:** Avant, je faisais de l'aérobic, mais j'ai commencé à trouver ça un peu ennuyeux. Alors, depuis quelque temps, je fais du jogging et évite les repas copieux. Moi, je conseille à vos lecteurs de réduire le nombre d'heures passées devant la télé, et de devenir actif.
>
> **EMMANUEL:** *Depuis longtemps, je fais du vélo, un minimum de quinze kilomètres par jour. De temps en temps, je fais du basket. Mon conseil, c'est de trouver des copains avec qui vous pouvez jouer en groupe ou en équipe, et retrouvez-les au moins une fois par semaine.*

a) Which sport does Elodie do at the moment? _____ [1]

b) Which sport does Emmanuel do most often? _____ [1]

c) What does Elodie suggest cutting down on? _____

_____ [2]

d) How often does Jon go swimming? _____ [2]

Avantage 4 Assessment Pack © Heinemann Educational 1996 Special copyright conditions apply.

Reading Test: Higher

1 Lisez l'article. Indiquez (✔) la bonne case.
Si nécessaire, laissez les cases vides; si nécessaire, cochez plus d'une case. [7]

Pourquoi les jeunes français continuent-ils à fumer?

Quatre jeunes filles donnent leur avis:

Nina: J'ai acheté mon premier paquet de cigarettes par curiosité. J'ai peut-être suivi un modèle, mais c'était de manière inconsciente. Au début, fumer était un plaisir physique. Aujourd'hui je ne retrouve plus ce plaisir-là, c'est devenu un réflexe. Je n'ai jamais cherché à arrêter – comme ça je peux dire que je ne suis pas dépendante. Je limite les dépenses sur d'autre choses pour pouvoir acheter des cigarettes.

Suzanne: Pour moi, c'est un acte social. Quand je suis seule, je fume moins, mais avec les amis, je fume jusqu'à trente cigarettes par jour. La pire situation, c'est quand on est avec quelqu'un qui ne fume pas et qu'on a envie d'une cigarette: c'est à ce moment-là que je sais que je suis dépendante.

Elise: Quand j'étais plus jeune, je voulais faire comme les autres, je me suis donc forcée à fumer. Mais je n'aimais pas le goût du tabac, j'ai donc arrêté sans problème. Je me sens libre, mais je n'empêcherais jamais personne de fumer: c'est leur droit.

Elsa: Je trouve qu'on fume parce qu'on a des camarades qui fument. Et je vois mes parents qui fument aussi, je crois que cela m'a influencée. Au début, je trouvais ça agréable de fumer, mais maintenant, ce n'est plus un plaisir – je ne peux plus m'en empêcher.

	Nina	Suzanne	Elsa	Elise
• Au début, elle a fumé pour faire un peu comme les autres.				
• Elle a commencé parce qu'elle voulait savoir comment c'était.				
• Elle n'a jamais fumé.				
• Elle a cessé de fumer.				
• Elle fume plus quand elle est toute seule.				
• D'autres membres de sa famille fument.				
• Elle fume plus d'un paquet par jour.				

2 Answer in ENGLISH.
Read this preview of a French TV programme.

20 bougies pour Thalassa

Déjà vingt ans que Thalassa nous régale tous les vendredis soirs. Sa spécialité: tout ce qui touche à la mer. Pour ce numéro spécial, Thalassa suit les femmes et les hommes qui vivent de la mer. Haleem, qui pêche les poissons pour mieux les sauver. Aysolon, qui écoute son grand-père lui raconter que le désert où elle vit maintenant, c'était la mer, grouillante de vie, de poissons, d'algues … Passionnant, comme d'habitude.
Vendredi 29 sept, France 3, 20h50

© Bayard Presse Okapi No. 569 Le Tabloïd

a) What sort of programme is *Thalassa*?_____ [1]

b) Why is 29th September a special edition of the programme? _____

_____ [1]

c) What do you learn about Haleem? _____

_____ [2]

d) What is unusual about where Aysolon lives? _____ [2]

e) How has Aysolon learnt this? _____ [1]

f) Does the reviewer recommend the programme or not? _____ [1]

Write down the French words that helped you answer this question.

_____ [1]

Writing Test

Foundation

Lisez ce mot.

Veux-tu aller nager vendredi après-midi? Si oui, rendez-vous devant la piscine vers trois heures. Apporte de l'argent et une bouteille de coca.

Ensuite, écrivez un mot à un ami pour indiquer les informations suivantes:

Foundation/Higher

Lisez cet extrait d'une lettre et écrivez deux paragraphes (80 mots) en parlant du sport.

> Je suis assez sportif surtout en été. Je fais beaucoup de vélo et j'aime faire de l'athlétisme à l'école. Le dimanche, en hiver, je joue au rugby pour une équipe de jeunes – je joue assez bien, on gagne souvent.
>
> Mon frère aîné n'est pas très sportif. Il préfère rester dans sa chambre, travailler sur son ordinateur ou écouter son baladeur à longueur de journée. Il ne sort pas très souvent. Et toi, es-tu sportif? Quels sports fais-tu? Tu en fais à l'école? Dis-moi si tu as jamais joué pour ton collège. Qu'est-ce que tu préfères faire quand tu as du temps libre?

Higher

Ecrivez un article (100-120 mots) pour un magazine français: **Comment maintenir la forme**.

Ecrivez vos conseils sur ce qu'il faut faire et ce qu'il ne faut pas faire.
Donnez des exemples à partir de votre expérience personnelle.

Voici quelques suggestions:

Avantage 4 Assessment Pack © Heinemann Educational 1996 Special copyright conditions apply.

Listening Test: Foundation

1 La pièce de théâtre commence à quelle heure? [1]

┌─────────────────┐
│   :   │
└─────────────────┘

2 Quel genre d'émission préfère-t-elle? <u>Soulignez</u>. [1]

3 Mettez les émissions dans le bon ordre (1, 2, 3, 4). [2]

4 Answer in ENGLISH.

Explain what the weather will be like tomorrow. (Give two details.)

_____ [1]

_____ [1]

Listening Test: Foundation/Higher

1   Quelle émission est recommandée? [1]

_____

2   Quelles sont les possibilités pour demain?
Faites correspondre une activité avec un symbole de météo. [4]

3   **a)**   Quelle image représente l'accident? Encerclez la bonne lettre. [1]

b)   Indiquez comment la victime était blessée. Encerclez la bonne lettre. [1]

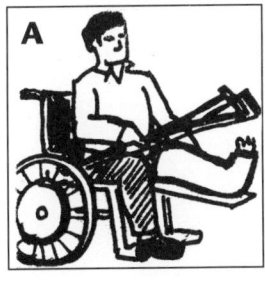
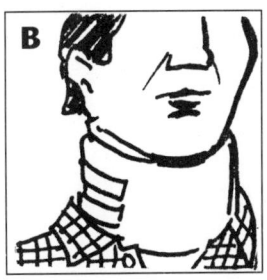

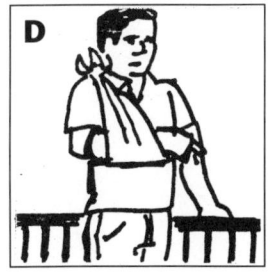

4   Answer in ENGLISH.

What information is given here? [3]

_____

_____

Avantage 4 Assessment Pack   © Heinemann Educational 1996   Special copyright conditions apply.

 *Listening Test: Higher*

1   Ecrivez l'heure des émissions. [4]

Indiquez (✔) les émissions qu'ils vont regarder. [2]

– TF1 –

_____   **La Roue de la Fortune**   ☐

_____   **Flic à tout faire**   ☐

_____   **Journal**   ☐

_____   **Top 50**   ☐

2   Qu'est-ce qu'ils vont faire pour savoir la météo? [1]

Ils vont _____

3   Indiquez (✔) le temps pour demain. [2]

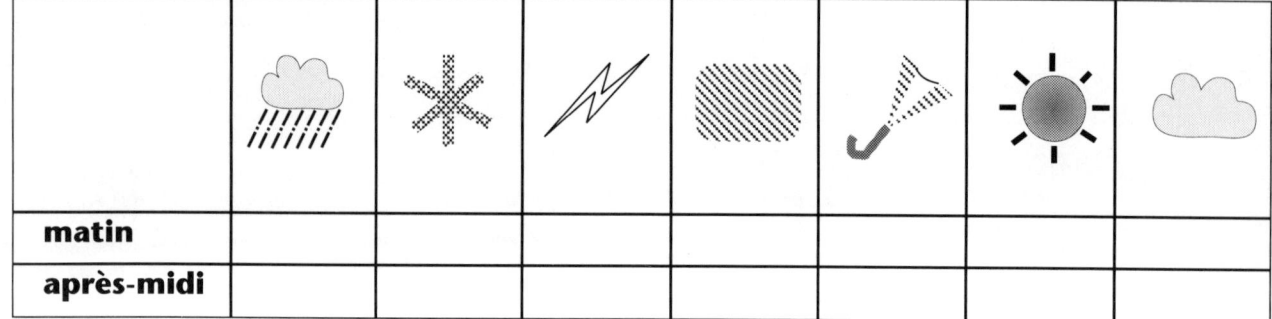

matin							
après-midi							

4   Answer in ENGLISH.

Your penfriend is looking through the TV programme guide.

She finds a film which she says is worth watching.

a)   Why is she able to say how good the film is?

_____   [1]

b)   What is the film about?

_____

_____   [2]

 Speaking Test

Foundation

Au cinéma. Posez des questions pour trouver les renseignements.

> **Titre** du **film** _____
>
> **Genre** de film _____
>
> **Séance(s)** à … _____
>
> **Prix des places** _____

séance(s) = showing(s)

Foundation/Higher

Tu as vu un voleur dans un magasin.
Répondez aux questions d'un agent de police qui vous interroge.

Higher

Discutez les programmes d'aujourd'hui avec un visiteur français. Répondez à ses questions.

BBC 1

2.15 FILM: Perry Mason: The Case of the Desperate Deception (Christian I Nyby II, 1990, TVM) Raymond Burr leads another formula courtroom job. **(T)** *764234*
3.50 Children's BBC: Monty (S) *1200418* **3.55** Fievel's American Tails **(S) (R)** *6891760* **4.20** Watt on Earth **(S) (R)** *6777321* **4.35** Maid Marian and Her Merry Men **(T) (S) (R)** *3977789* **5.0** Newsround *1707692* **5.05** The Lowdown **(T) (S)** *4798963*
5.35 Neighbours (T) (S) (R) *740760*
6.0 News; (T) weather *741*
6.30 Regional News magazines *321*
7.0 Do the Right Thing (S) *8128*
7.30 EastEnders (T) (S) *505*
8.0 A Question of Sport (T) (S) *7876*

BBC 2

1.15 World Snooker (S) Afternoon action in the World Professional Championships in Sheffield, introduced by Dougie Donnely. *72045470*
3.0 News; weather; **Westminster with Nick Ross (T) (S)** *1212418*
3.50 News; (T) weather *2693857*
4.0 World Snooker (S) Further coverage. *8505*
6.0 Fresh Prince of Bel Air Bullets Over Bel Air **(S)** *848944*
6.25 Heartbreak High (T) (S) *633963*

Oral presentation

Suggested topic: **Les films**

97

Avantage 4 Assessment Pack © Heinemann Educational 1996 Special copyright conditions apply.

Speaking Test: Teacher's card

Rôle-play

Foundation

Suggested teacher responses

'Neuf mois', une comédie américaine à 18h45 et à 21h.

35 francs pour les adultes, 20 francs pour les jeunes.

Foundation/Higher

Teacher's questions

Vous pouvez décrire le voleur?
Il était comment?
Ses vêtements?

Vous avez vu ce qu'il a volé?

Il est parti où, exactement?

Higher

Teacher's questions

Qu'est-ce qu'il y a à la télé ce soir?

Qu'est-ce que c'est … ?

De quoi s'agit-il?

Qu'est-ce que tu recommandes?

Pourquoi?

Je n'aime pas ce genre de programme. Tu peux suggérer une autre émission?

General conversation

Teacher's questions

Foundation

- Vous avez une télé dans votre chambre?

- Vous regardez la télé souvent?
  Combien d'heures par jour?

- Quelle sorte d'émission aimez-vous?
  Qu'est-ce que vous n'aimez pas?

- Décrivez-moi votre émission préférée.
  Ça passe quand?
  Ça dure combien de temps?

- Il y a un cinéma près de chez vous? Vous y allez de temps en temps? Avec qui? L'entrée coûte combien?

- Préférez-vous regarder les films à la télé ou au cinéma? Pourquoi?

Higher

Ask the foundation questions then ask the following questions:

- Vous regardez les sports à la télé? Lesquels en particulier?

- Qu'est-ce que vous avez regardé à la télé hier soir? Quelle est votre opinion?

- Comment s'appelle le dernier film que vous ayez vu au cinéma? Racontez-moi un peu ce film. Vous avez aimé le film?

- Qui est votre star préférée? Décrivez-la moi.

- Quel film voudriez-vous voir en ce moment? C'est quoi, l'histoire?

- Avez-vous regardé la télé en France?

- Connaissez-vous un film français?

● Reading Test: Foundation

1 Lisez la page 'télé'.
Recommandez une émission
pour quelqu'un qui aime la
musique. [1]

_____

> **A·la·télé·ce·soir·············**
>
> **18.45** A Vous la Fortune *(jeu)*
> **19.15** Journal régional
> **19.30** La Vie des Animaux Sauvages
> *(documentaire tourné en Afrique)*
> **20.15** Un Flic Hors Service *(série américaine)*
> **21.10** Le Monde du Sport *(les flashs d'aujourd'hui)*
> **22.00** Chantez-moi vos chansons

2 Complétez la carte, en dessinant les bons symboles. [6]

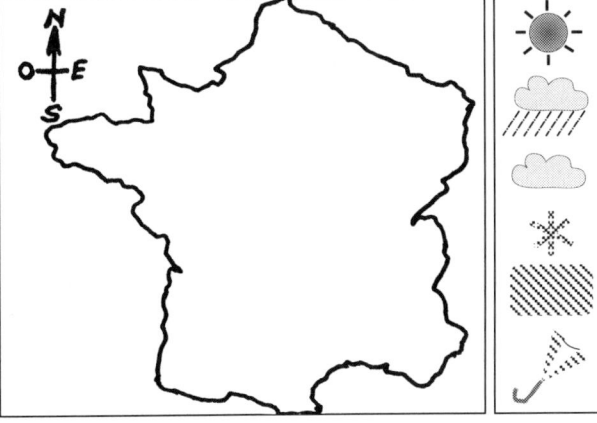

Sud et sud-ouest:
Ciel couvert; possibilités de pluie
Nord et nord-est:
Brouillard le matin
Est:
Chutes de neiges; vent fort par endroits

3 Complétez la fiche de cette vedette. [10]

| Castel | Lion | photographie et poterie |

| patiente et généreuse |

| incapable de rester immobile |

| jus de fruits | Sophie |

| poulet normand |

| mon nouveau disque est bientôt en vente |

| sœurs jumelles |

Nom: ....   Prénom: ....
Signe astrologique: ....
Famille: ....
Qualités:...
Défaut: ....
Loisirs:...
Plat préféré: ....
Boisson préférée: ....
Message pour ses fans:.............................
....

4 Answer in ENGLISH.
Explain the meaning of these notices outside a cinema.

a)

> *Séance supplémentaire cet après-midi en cas de mauvais temps*

_____ [1]

b)

> CE FILM EST INTERDIT AUX MOINS DE SEIZE ANS

_____ [2]

Avantage 4 Assessment Pack © Heinemann Educational 1996 Special copyright conditions apply.

Reading Test: Foundation/Higher

1 C'est quel genre de film? <u>Soulignez</u> la bonne réponse. [1]

> ## A travers les montagnes
> **film, 1h 35min.** *Un héros infatigable rencontre périls et ennemis quand il traverse des montagnes où le danger est caché derrière chaque rocher.*

a) film d'aventures

b) film d'horreur

c) film d'espionnage

d) film d'amour

2 Indiquez si l'auteur a **aimé** (✔), ou n'a **pas aimé** (✗) le film, ou s'il n'a **pas exprimé d'opinion** (?). [4]

> ## Votre critique vous propose ...
> **Voyage dans une ville inconnue**
>
> Deux étrangers arrivent la nuit dans une ville où tout le monde semble avoir disparu. Un film qui vous choquera, et qui vous fera penser; vous partagerez sûrement mon avis, c'est un film à voir et à revoir.
>
> **Le retour des dinosaures**
>
> Un film d'aventures qui fait penser à Jurassic Park: rien d'original dans ce film que j'ai trouvé décevant.
>
> **Le prêtre et le bébé**
>
> C'est le grand succès de l'année aux Etats-Unis, et prochainement vous aurez la chance de le voir dans votre ville. Moi aussi, j'attends l'occasion de le voir.
>
> **Le dernier mariage**
>
> Film d'amour qui fait vraiment plaisir – une jeune femme qui trouve le bonheur enfin, avec son troisième époux. Vous rirez et pleurerez en même temps. Ne le ratez surtout pas.

3 **Le palmarès de vos sports**
Lisez, dans le tableau, les résultats d'un sondage. Puis, complétez les phrases. [9]

Quels sports pratiquez-vous?		
Garçons et filles	**Garçons**	**Filles**
1 Tennis (20%)	Football (45%)	Danse (24%)
2 Football (17%)	Tennis (21%)	Natation (21%)
3 Cyclisme (16,5%)	Cyclisme (19%)	Cyclisme (19,5%)
4 Natation (15,5%)	Natation (15,5%)	Gymnastique (19%)
5 Danse (11%)	Judo (13%)	Tennis (18%)
6 Basket-ball (9%)	Course à pied (10%)	Marche (13%)
7 Gymnastique (8%)	Ski (9%)	Basket-ball (9%)
8 Handball (8%)	Basket-ball (7%)	Ski (8,5%)
9 Ski (8%)	Marche (6%)	Handball (7%)
10 Course à pied (7,5%)	Ping-pong (4%)	Volley-ball (6%)

N.B.: La somme de ces pourcentages dépasse 100%, du fait des réponses multiples.

© Bayard Presse OKAPI No 478

(le moins = the least)

.... , ... et .... sont les trois sports préférés des garçons et des filles ensemble. Pour les garçons, le sport le moins aimé est .... , tandis que chez les filles, c'est .... Les quatre sports pratiqués par les filles et non pas par les garçons sont .... , ... , ... , et ....

4 Choisissez le bon titre pour cette photo. Ecrivez A, B, C ou D. [1]

A Accident de voiture: plusieurs blessés

B Deuxième jour de grève à l'usine Meursault

C MANIFESTATION DES OUVRIERS CONTRE LE CHÔMAGE

D *Explosion et Incendie:* *les employés fuient les dangers*

Reading Test: Higher

1 Lisez cet extrait d'une lettre de Marie-Laure, puis complétez en français. [6]

> A mon collège, le vendredi à 4h30, il y a un ciné-club. On loue un film vidéo, que nous regardons, puis discutons nos opinions. Ce n'est pas cher — on paie un abonnement trimestriel de quinze francs, et six francs cinquante le prix de l'entrée. Chaque membre à tour de rôle peut choisir un film. La semaine dernière c'était mon tour et j'ai choisi 'Jurassic Park'. C'est super ce film, l'as-tu vu?

Tous les .... après les .... , il y a un ciné-club à l'école. Les abonnés paient .... pour voir un film. On discute après avoir .... le film. Marie-Laure a .... le film de la semaine dernière. Elle a beaucoup .... le film.

2

L'informatique

Mme A, 35 ans. Je travaille dans un bureau depuis une quinzaine d'années et je vois comment mon travail est devenu beaucoup plus facile ... et je dirais même moins ennuyeux.

M. L, Marseille. J'écris des articles pour des magazines différents, mais je travaille chez moi, donc le modem que j'utilise est indispensable. Je ne pourrais pas travailler aussi vite sans la technologie.

Mme T, mère de deux adolescents. Mes fils ont un ordinateur dans leur chambre. Ils ne veulent pas l'admettre, mais je suis sûre qu'ils passent leur temps à jouer au lieu de faire leurs devoirs.

Mme V, Nîmes. Je travaille de longues heures devant l'ordinateur au bureau et aussi chez moi, et j'ai souvent mal au dos et aussi au poignet. Je suis un traitement, donc moi, je me trouve désavantagée à cause de la technologie.

Alain, 12 ans. C'est peut-être étrange, mais je trouve que ma génération dépend trop des ordinateurs. J'arrive à me passer sans problème d'un ordinateur.

Mlle S, Toulouse. Je travaille pour une entreprise internationale, et nous utilisons presque tous les jours les liens électroniques avec nos collègues dans les autres pays européens. Auparavant, je devais beaucoup me déplacer, j'étais tout le temps en train d'aller par ici et par là. Maintenant, ma vie est beaucoup plus calme, moins mouvementée.

Répondez aux questions.

a) Qui utilise la technologie pour pouvoir travailler à la maison? _____ [1]

b) Qui n'a pas d'ordinateur? _____ [1]

c) Qui voyage moins qu'autrefois? _____ [1]

d) Qui trouve son travail plus intéressant qu'autrefois? _____ [1]

e) Qui pense que le travail scolaire peut en souffrir? _____ [1]

3 Answer in ENGLISH.
Read this extract from your horoscope section of a magazine.

> *Vous vous trouverez entouré de bons amis pendant la plupart de la semaine – ils vous apprécieront, et vous aurez l'impression de leur être très important, même indispensable. Seulement faites très attention pendant le weekend, car quelqu'un essayera de vous voler votre flirt du moment. Vous recevrez une somme d'argent vers la fin de la semaine – gardez bien cette somme dans votre porte-monnaie, sans l'annoncer à personne, car vous risquez de perdre cet argent.*

There are two pieces of good news, each one followed by a cautionary note. What are they? [2 + 2]

_____

_____

_____

_____

_____

Avantage 4 Assessment Pack © Heinemann Educational 1996 Special copyright conditions apply.

 *Writing Test*

Foundation

Préparez une liste de **quatre** émissions de télévision britanniques.

Ecrivez, pour chaque émission:

- de quel genre de programme il s'agit;
- un détail (par exemple, le jour ou l'heure de l'émission etc.);
- votre opinion.

Exemple

> Brookside
>
> C'est un feuilleton. Il passe trois fois par semaine. Je trouve Brookside très intéressant.

Foundation/Higher

Répondez à cet extrait d'une lettre. Ecrivez deux paragraphes (80 mots).

> En été, quand il fait beau le soir, je préfère sortir avec les copains: on passe le temps à bavarder dans le centre du village, ou on joue au hand dans le parc. Mais quand il fait froid, je n'aime pas sortir, je préfère rester au chaud. Il faut dire que je regarde beaucoup moins la télé en été. Et toi, tu regardes beaucoup la télé? Donne-moi ton opinion sur les programmes britanniques.
>
> Quant au cinéma, j'y vais très rarement car le cinéma le plus proche est à une trentaine de kilomètres de la maison. La dernière fois que je suis allé au cinéma, j'ai été malade car j'avais mangé trop de bonbons – donc je n'en garde pas un bon souvenir. Tu peux me raconter ta dernière visite au cinéma?

Higher

On vous a demandé d'écrire une description de votre vedette britannique préférée pour le magazine scolaire de votre collège partenaire en France.

- Faites une description physique.
- Décrivez son caractère et ses intérêts.
- Parlez de ses succès récents et de ses projets pour l'avenir.

Proposez un titre pour votre article.

Ecrivez 100 à 120 mots. Inventez si nécessaire.

● *Listening Test: Foundation*

1 Au camping

  a) Indiquez le numéro
     de l'emplacement.

     .... [1]

  b) Indiquez (✗) sur le plan l'allée
     de l'emplacement. [1]

2 <u>Soulignez</u> la brochure convenable pour ce garçon. [1]

  A   **B**   **C**   **D**

3 A la gare

  a) Le train pour Lyon partira à quelle heure?   [:] [1]

  b) Il partira de quel quai? .... [1]

4 a) Qu'est-ce que l'automobiliste achète? Indiquez (✔). [2]

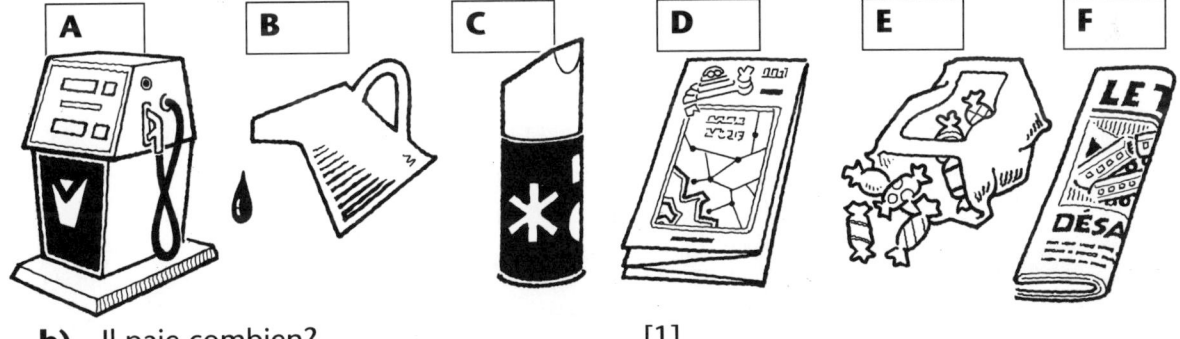

  b) Il paie combien? .... [1]

5 Pour aller à la ville d'à côté, quels sont les **deux** moyens de transport possibles?
    Cochez (✔). [2]

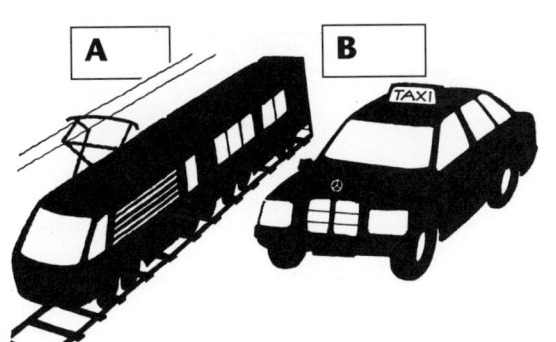
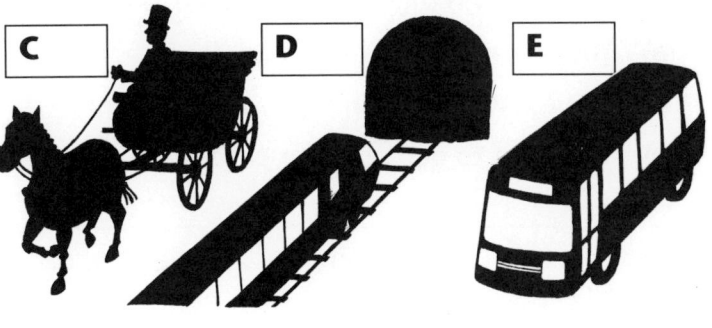

Avantage 4 Assessment Pack © Heinemann Educational 1996 Special copyright conditions apply.

● *Listening Test: Foundation/Higher*

1 a)   Cette personne cherche quelle sorte de chambre? Indiquez (✔) le bon symbole. [1]

b)   Qu'est-ce qu'il y a dans la chambre? Indiquez (✔) les bons symboles. [2]

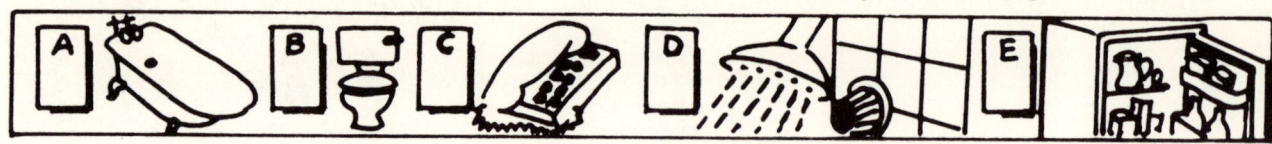

c)   Le petit déjeuner, ça coûte combien? [2]

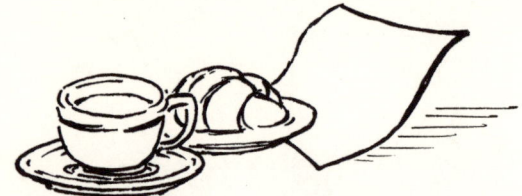

d) Le dîner est servi de quelle heure à quelle heure? [2]

[:   ] à [:   ]

2   Notez en français **un avantage** et **un inconvénient** sur ce camping.

Avantage: _____ [1]

Inconvénient: _____ [1]

3   Indiquez (✔) comment chaque personne va voyager en allant en vacances. [4]

						(autre)
a)						
b)						
c)						
d)						

4   Indiquez le problème. Cochez (✔) la bonne lettre. [1]

5   Answer in ENGLISH.
You are touring in France. Sometimes you hear unexpected replies to your questions and requests. What is the reply in the following situations?

a)   You arrive at an hotel and ask for a room. _____ [1]

b)   You ask what time dinner is at an hotel. _____ [1]

c)   You want to get a train to Paris. _____

_____ [2]

d)   You ask a garage attendant to have a look at your brakes. _____

_____ [2]

Listening Test: Higher

1 Indiquez (✘) la position de deux stations service. [2]

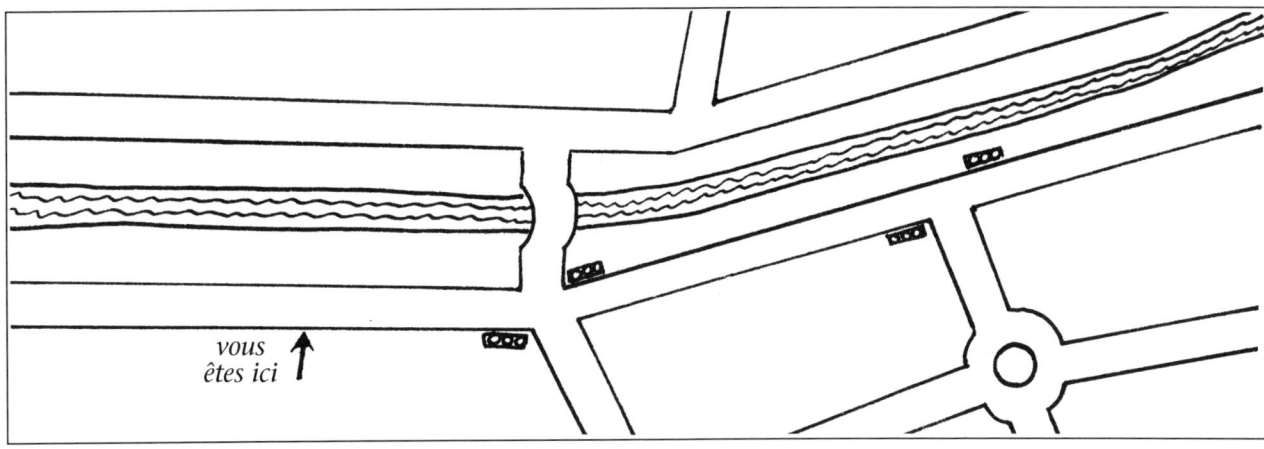

vous
êtes ici ↑

2 Complétez la facture;
changez si nécessaire. [5]

....	350F
(suppt.) salle de bain	....
....	135F
petit déjeuner	....
TOTAL	640F

3 Mettez dans le bon ordre (1, 2, 3, 4, 5, 6) ces photos de vacances. [6 ÷ 2]

A   **B**   **C**

D   **E**   **F**

 Speaking Test

Foundation

Vous voyagez, avec deux autres copains, en France par le train. Vous allez à Tours.

Achetez les billets indiqués.

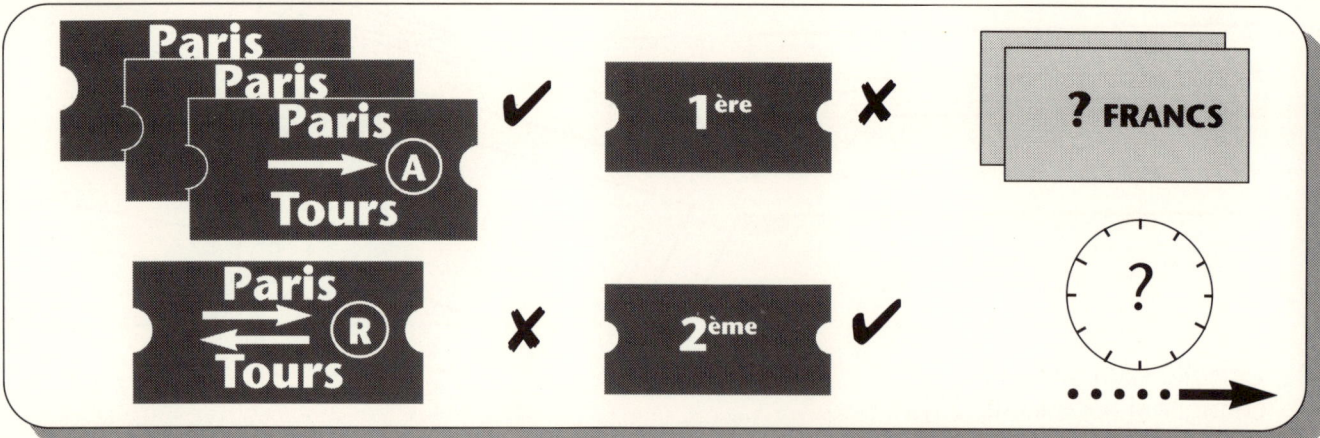

Foundation/Higher

Vous voyagez en France avec votre famille. Vous trouvez un hôtel pour la nuit.

   a)   Demandez le prix.

   b)   Réservez les chambres que vous désirez.

   c)   Demandez des renseignements pour le petit déjeuner et le dîner.

   d)   Répondez s'il y a d'autres questions.

Higher

Vous travaillez dans un camping britannique pendant les vacances. Une famille française arrive.

Répondez à leurs questions, et aidez-les. Voici des renseignements, mais il faudra aussi inventer!

Seaview Campsite

* Heated outdoor swimming pool
* showers
* Laundry room
* Children's play area
* Grocery shop

Reception open 9.00 a.m. - 10.30 p.m.

£7 per pitch per night

Oral presentation

Suggested topics: **Mes vacances l'année dernière**

or

Mes vacances idéales

Speaking Test: Teacher's card

Rôle-play
Teacher's rôle

Foundation

Suggested prompt questions/answers:

Aller retour?

Quelle classe?

Ça fait 450F en tout.

A 11h40.

Foundation/Higher

Answers such as:

300F par chambre

Le petit déjeuner est servi à partir de 7h30.

Nous ne faisons pas restaurant.

(+ further invented details if the pupil asks about where they can eat tonight)

Suggested extra questions:

Combien de personnes/nuits?

Quelle sorte de chambre(s) voulez-vous?

Higher

(You play the rôle of one of the French visitors)

Suggested questions:

Vous parlez français?

Il y a de la place?

Nous comptons rester deux ou trois nuits. C'est combien pour la famille et pour la voiture?

Le camping est ouvert toute la nuit?

Où est-ce qu'on peut obtenir des provisions?

Qu'est-ce qu'il y a dans le camping, à part le magasin?

Qu'est-ce qu'il y a à faire dans la région?

General conversation
Teacher's questions

Foundation

- Pendant les vacances scolaires, qu'est-ce que vous faites normalement?
- Quelle sorte de vacances aimez-vous?
- Où êtes-vous allé(e) l'année dernière?
  Avec qui?
  Combien de temps?
  Vous avez campé?
- Et cette année, vous avez des projets?
- Quand vous voyagez, vous préférez quel moyen de transport?
- Pourquoi?
- Vous avez une voiture à la maison?
  Décrivez-la.

Higher

Ask the foundation questions then ask the following questions:

- Qu'est-ce que vous aimez et n'aimez pas faire quand vous êtes en vacances?
- Si vous pouviez partir en vacances sans vos parents, où iriez-vous?
  Avec qui?
  Racontez-moi un peu ce que vous feriez?
- Si on veut voyager de Londres à Paris, quelles sont les différentes possibilités?
  Que préférez-vous?
  Pourquoi?

Avantage 4 Assessment Pack © Heinemann Educational 1996 Special copyright conditions apply.

Reading Test: Foundation

1 A la gare, où est-ce qu'on laisse les bagages? Ecrivez la bonne lettre. ☐ [1]

a) SALLE D'ATTENTE   **b)** QUAIS   **c)** GUICHETS   **d)** CONSIGNE

2 A la station service, où est-ce qu'on paie? Ecrivez la bonne lettre. ☐ [1]

a) CAISSE   **b)** HUILE   **c)** BOISSONS CHAUDES   **d)** POMPES À ESSENCE

3 Complétez.

.........% des vacanciers vont à la campagne. [1]

Sondage sur les vacances

| 46% | 28% | 17% | 6% | 3% |

4 Répondez aux questions en français.

Château·de·Montour

Visites guidées extérieur et intérieur

Du 15 mai au 30 septembre, tous les jours à 10h, 11h, 15h, 16h, 17h, et 18h, sauf les mardis.

Du 1er novembre au 14 mai, les dimanches et jours fériés, mêmes heures.

Fermeture annuelle en octobre.

a) En été, quel jour est-ce que le château de Montour est fermé?   [1]

_____

b) A quelle heure a lieu la dernière visite, en été? [1]

_____

c) En hiver, quand est-ce que le château est ouvert?   [2]

_____

_____

d) Quel mois est-ce que le château est fermé? [1]

5 Answer in ENGLISH.
You wish to buy lead-free petrol at a self-service garage.
Which of the following signs is the one you need? Write the correct letter. ☐ [1]

a) Gazole   **b)** Sans plomb   **c)** Huile   **d)** Essence

6 Answer in ENGLISH.
What does this sign outside the campsite shop tell you? [1]

Dépôt de pain   _____

● *Reading Test: Foundation/Higher*

1 Complétez les blancs
dans cette carte postale.
[4]

> Nous voilà en vacances en Alsace.
> Le .... est variable: aujourd'hui il pleut,
> mais hier il a fait .... J'ai déjà acheté
> des .... Aujourd'hui c'est le dernier jour
> des vacances. Nous repartons ....

2 Au camping. Indiquez si chaque opinion du camping est
positive (✔), **négative** (✗) ou **indifférente** (✔✗). [5]

a) Il ne faut pas faire de bruit après dix heures le soir, et nous, nous n'aimons
pas nous coucher avant minuit.

b) Hier, on ne pouvait pas nager dans la piscine à cause de la saleté. De toute
façon, aujourd'hui il fait trop froid pour nager, alors ce n'est pas grave.

c) On nous avait dit qu'il y avait des croissants frais tous les matins, mais on est
déçus car tout est déjà vendu avant huit heures du matin.

d) Les jeux organisés sont très bien, surtout quand les parents cherchent un
peu de repos.

e) Tous les employés sont très aimables; ils sont toujours prêts à vous donner
un coup de main.

3 Lisez les extraits d'un article, **Conseils de vacances**.
Indiquez la catégorie (A, B, C, D, E) de chaque extrait. [6]

a) Ne dormez pas en plein soleil de midi.

b) Vous pouvez boire jusqu'à trois litres d'eau sans
inconvénient.

c) Même à votre âge, une bonne crème solaire qui
hydrate et protège n'est pas du luxe.

d) Des précautions s'imposent avant le grand départ,
surtout si vous partez pour l'étranger.

e) Quand il fait très chaud, modifiez vos efforts physiques
pour éviter la fièvre, les étourdissements, les maux de
tête et les vomissements.

f) Pour vos promenades à pied ou à vélo, préparez bien
votre trousse à pharmacie, surtout si vous allez
marcher exposé aux éléments.

A **Voyagez tranquilles**

B **Randonnez sans peur
et sans reproche**

C **Bronzez heureux**

D **Méfiez-vous des
coups de chaleur**

E **Buvez**

4 Answer in ENGLISH.
Read this holiday publicity and answer the questions.

a) When are there special teenage holidays? [2 ÷ 2]

_____

b) Name three activities which are possible
on these holidays? [3]

_____

c) What else does the brochure promise on
these holidays? [1]

_____

Val Jeunes *Des vacances
actives pour
les 11–17 ans à Pâques et en été.
Au programme, des activités au
choix (équitation, voile,
spectacle, micro-informatique,
randonnée etc.) et de nouveaux
copains pour vivre de bonnes
vacances. Sport, création,
découverte; chacun peut avoir la
brochure Val Jeunes gratuitement.*

Avantage 4 Assessment Pack © Heinemann Educational 1996 Special copyright conditions apply.

Reading Test: Higher

1 Mettez dans le bon ordre, en joignant l'heure avec la bonne phrase. [6]

Exemple
6h45

7h25

8h15

8h45

9h15

9h20

9h25

> ### Airbus A320: le temps d'un vol
>
> - Trois mécaniciens terminent la visite journalière. Pression des pneus, état des réacteurs et de la carlingue … tout est minutieusement vérifié.
> - A vitesse réduite, l'avion se dirige vers la piste, et les hôtesses montrent comment utiliser les gilets de sauvetage
> - «Passagers du vol AF 1372, à destination d'Istanbul, embarquement porte A47, par aérobus» annoncent les haut-parleurs. A l'entrée de l'avion, l'équipage accueille les passagers.
> - Dans l'aérogare Charles-de-Gaulle 2A, les passagers enregistrent leurs bagages et présentent leurs passeports. L'équipage, lui, est déjà dans l'avion.
> - Maintenant les réacteurs sont lancés à pleine puissance. La piste défile. Nous sommes partis.
> - Au micro, le chef de cabine souhaite la bienvenue aux passagers. L'équipage vérifie que les ceintures sont bien attachées.
> - Le commandant et son copilote établissent leur plan de vol. Dans deux heures ils décolleront aux commandes de l'A320, pour Istanbul.

2 Lisez les réponses à la question *«Où iriez-vous dans le monde, si vous aviez le choix?»*

LAURENT: Moi, j'aimerais beaucoup retourner au Maroc où je m'étais fait beaucoup d'amis de mon âge.

NADIA: Quand j'ai vu tous les dégâts en Bosnie, et les malheurs des jeunes là-bas, cela m'a donné envie d'y faire un séjour, peut-être pendant les grandes vacances, et de faire quelque chose pour les jeunes victimes des bombes.

THIERRY: Pour moi, la question ne se pose pas, car chaque fois que je voyage, je souffre – j'ai des maux d'estomac ou de la fièvre. Alors je vous assure que même si je pouvais choisir je resterais très volontiers chez moi.

SAÏD: Il y a tant de différents pays que je voudrais visiter si j'avais l'argent nécessaire, et le temps, bien sûr. Je n'ai pas beaucoup voyagé, je regarde la carte du monde et je suis tenté par tout.

CATHERINE: C'est sans doute très intéressant de faire le tour du monde, mais moi, je ne connais pas très bien la région où j'habite, et je préférerais mieux la connaître avant de voyager plus loin.

Qui aimerait visiter davantage son propre pays?

_____ [1]

Qui veut aider les jeunes qui souffrent?

_____ [1]

Qui ne peut pas décider?

_____ [1]

Qui a déjà visité son lieu préféré?

_____ [1]

Qui veut éviter de voyager?

_____ [1]

3 Answer in ENGLISH.

This is part of an interview for an article on travel. Write in the table one advantage and one disadvantage of the form of travel mentioned, according to what they say. [6]

Raoul: L'année dernière, j'ai fait le tour de la Grande-Bretagne en stop. C'est un très bon moyen pour rencontrer beaucoup de gens différents et intéressants. Quelquefois, j'ai dû attendre longtemps avant que quelqu'un me prenne, et ça c'est plutôt agaçant, surtout sous la pluie britannique.

Yolande: Je suis allé trois fois en Angleterre, par aéroglisseur. Il y a un problème avec les aéroglisseurs, c'est que quand le temps est mauvais, surtout s'il y a beaucoup de vent, ils ne fonctionnent plus. Heureusement, cela ne m'est jamais arrivé, et j'aime beaucoup traverser la Manche en vitesse, en moins de quarante minutes.

	Type of transport	Advantage	Disadvantage
Raoul			
Yolande			

 Writing Test

Foundation

Voici une lettre de réservation à un camping.

Ecrivez une lettre, donnant les informations suivantes:

> Monsieur/Madame,
>
> Je vous écris pour réserver un emplacement. C'est pour deux tentes, et nous sommes six personnes en tout. Je voudrais réserver pour deux semaines, du 14 au 28 août.
>
> Je vous prie d'agréer, Monsieur ou Madame, l'expression de mes meilleurs sentiments.

Foundation/Higher

Ces dessins représentent vos photos de vacances. Ecrivez votre journal des vacances (80 mots).

Higher

Vous travaillez pendant les vacances dans l'office de tourisme de votre ville. Vous devez aider à préparer une brochure (en français, de 100-120 mots) sur votre région.

Indiquez les informations suivantes:

- comment trouver votre région, et les réseaux de transport
- une description de la région et des villes les plus importantes
- les endroits touristiques (par exemple: musées, châteaux, lacs), prix, heures etc.
- les possibilités de logement

Vous décidez d'ajouter des opinions et des commentaires exprimés par des visiteurs français. Inventez-en!

Avantage 4 Assessment Pack © Heinemann Educational 1996 Special copyright conditions apply.

Mark schemes

Listening and reading

The mark schemes have been indicated in the answer section on pages 113-119.

Speaking and writing

For the speaking and writing tests it is suggested that performance is evaluated as outlined below:

Speaking

Rôle-play

Mark each utterance on a scale of 0-2:

0 Failure to communicate the required information

1 Some of the required information is successfully communicated

2 All/nearly all of the required information is communicated

General conversation

Award up to two marks for each of the following:

- Pronunciation
- Accuracy
- Fluency
- Independence
- Content

Oral presentation

Award marks on a similar basis to the general conversation.

Writing

Message writing tasks (Foundation)

Award marks on a scale of 0-2:

0 Failure to communicate the required message

1 Most of the message is communicated despite inaccuracies

2 The message is clear and errors are minor

Letter writing tasks (Higher)

Award up to 4 marks for each of the following:

- Content
- Appropriateness of language
- Accuracy

The above scheme is based on schemes used by examination boards. Your exam syllabus will contain detailed information about its particular scheme.

Answers

Module 1

Listening Test: Foundation
1 GODIN, 14, 1er février, 1m 55, noirs (5)
2 d (1)
3 **1** serveuse **2** vendeuse **3** réceptionniste (3)
4 a) infirmière **b)** instituteur **c)** cuisinier (3)
5 a) 45 **b)** 22 **c)** 33 (3)

Total marks: 15

Listening Test: Foundation/Higher
1 b) (1)
2 travail: B (receptionist at vets)
heures de travail: B (8h – 12h30)
congé: D (mercredi matin)
opinion: A (aime beaucoup) (4)
3 a) V **b)** F **c)** V **d)** V (4)
4 Good points: sometimes get on well; she's practical; helpful with homework
Bad points: not much confidence, used to talk a lot
(5 + 1 for 'used to')

Total marks: 15

Listening Test: Higher
1 **1** serveuse **2** vendeuse **3** réceptionniste (3)
2 Nathalie: a très peu de confiance
Jean-Jacques: est fort en toutes les matières
Gérard: fait beaucoup d'efforts en classe
Christine: n'aime pas les cours à l'école
Béatrice: parle trop (5)
3 N.B. The French in the answers should be understandable, and may not be identical to the suggested answers.
a) … voyage beaucoup/est souvent dans un hôtel
b) … prend le bus (pour aller travailler)
c) … travaille à l'intérieur (3)
4 a) uncle – same hair colour, same height
b) grandmother – round face, very slim
c) mother – same eyes, same personality (9)

Total marks: 20

Reading Test: Foundation
1 ambitious; hardworking; like to be with other young people; self-confident (4)
2 a) 15 **b)** 33 **c)** 25 (3)
3 a) vendredi **b)** mardi (2)

Total marks: 9

Reading Test: Foundation/Higher
1 A, E, H (3)
2 aider, enfants, repas, magasins, semaine, énergie, humour, heures (8)
3 a) like other people; be committed; patient (any 2 of these) (2)
b) 3 years (1)

Total marks: 14

Reading Test: Higher
1 a) sa grand-mère
b) son père/et son oncle (son frère)
c) son frère (4)
2 Aline (1)

3 a) before 7 a.m. (1)
b) she finds it hard (1)
c) Any 2 from: put the trolleys in order/pick up litter in the car park/help at the checkout (2)
d) reasonably well-paid/lots of open-air working/choose own clothes to wear (3)
e) tiring/long hours/only half an hour free in the day (3)

Total marks: 15

Module 2

Listening Test: Foundation
1 the large room on the left (1)
2 walking (1)
3 a) ✔ art **b)** 12 **c)** 12.30 (3)
4 ✔ English ✔ Art (2)
✘ PE ✘ IT (2)
5 32 (1)

Total marks: 10

Listening Test: Foundation/Higher
1 Français: 13; Math: 8,5; Biologie: 13; Technologie: 14 (half mark each – 2)
2 maths: 4-5 hours
français: 2h 30
hist-géo: 1h 30
peinture: none
espagnol: 30 mins. max. (5)
3 Arnaud ✘ Béatrice ✘ Catherine ✔ David ? Edith ✘ (5)
4 b, d, e (3)

Total marks: 15

Listening Test: Higher
1 b (1)
2 cette année; l'année dernière; l'année dernière (3)
3 1970
650 ? ?
43
36
7
8.15
4.20
60
?
secrétariat (half mark per detail – 6)

Total marks: 10

Reading Test: Foundation
1 second on left (1)
2 pencil case (1)
3 a) M **b)** B **c)** B **d)** AB **e)** M **f)** M (6)
4 a) huit heures et quart **b)** le français
c) mercredi **d)** anglais et espagnol
e) quatre **f)** cinquante minutes (6)

Total marks: 14

Reading Test: Foundation/Higher
1 D (1)
2 ✔ steak and chips; chicken; ice-cream
✘ fish; soup (5)
3 Mathilde: pour (on s'amuse, on joue)
Michèle: contre (je n'aime pas l'école)
Delphine: pour (je trouve ça super … j'ai hâte d'entrer en 6ème)

Avantage 4 Assessment Pack © Heinemann Educational 1996 Special copyright conditions apply.

Sébastien: contre (je hais l'école … on s'embête)
Félice: pour (on apprend à vivre en société)
David: contre (l'école m'énerve … ça m'ennuie)
(6 + half mark each underlined phrase – 3)
Total marks: 15

Reading Test: Higher

1 **a)** V **b)** F **c)** F **d)** F **e)** ? **f)** F **g)** ? **h)** V (8)
2 pays, lois, discipline, maquillage, cheveux, droits, infirmière, problèmes (8)
3 fed up of homework (1)
   draw up a time plan; take some time off; ask your teachers for help (3)
Total marks: 20

Module 3

Listening Test: Foundation

1 **a)** hang on/hold the line
   b) Mme Chamel is not available
   c) call back in 20 minutes (3)
2 **a)** D **b)** 9h30 **c)** 200F par jour **d)** B (4)
3 **a)** Victoria; vendredi 15; 13.00 (3)
   b) 22-56-31-12 (2)
4 boucher, réceptionniste, professeur (3)
Total marks: 15

Listening Test: Foundation/Higher

1 Left at end of corridor, third door on right (1)
2 **a)** 4 **b)** 6 **c)** 1 **d)** 2 (i.e. **1c 2d 3– 4a 5– 6b**) (4)
3 **A** packing boxes **B✔** phone operator (3)
4 no point looking in newspapers for vacancy
   write direct to possible employer (2)
Total marks: 10

Listening Test: Higher

1 Avantages: on a de la chance de travailler; assez bien payé; heures supplémentaires (any 2)
   Inconvénients: travail est dur; de longues heures (4)
2 4; – ; 12h00 – 2h30; 65F; poulet au vin blanc; 20-25 (6)
3 vendredi, 16h35, gare (3)
4 replace owner at reception; check men's showers; water flower pots (3)
5 Details should comprise:
   M. Ramonet's plane late; arriving 12.20;
   Could Mr Jacobs collect him at the airport? (4)
Total marks: 20

Reading Test: Foundation

1 a restaurant (1)
2 **a)** F **b)** V **c)** ? **d)** F **e)** V **f)** ? **g)** F **h)** V
   (half mark each – 4)
3 **a)✔ b)✗ c)✗ d)✗** (half mark each – 2)
4 8:00; just after 5:30 (or 17:30) (2)
Total marks: 9

Reading Test: Foundation/Higher

1 on till at petrol station (1)
2 un hôpital; enfants; aime (3)
3 **a)** happy **b)** neighbour **c)** Saturday afternoons
   d) 40F **e)** takes the stall down
   f) can work Saturday mornings as well (6)
Total marks: 10

Reading Test: Higher

1 peur, rendez-vous, patron, bureau, réceptionniste, visité, chef, bruit, machines, confiance (10)
2 **a)** pour travailler
   b) pendant les grandes vacances
   c) chez le correspondant anglais (3)
3 **a)** V **b)** F **c)** F **d)**? **e)** V **f)** F (or ?) **g)** V **h)** F **i)** F **j)** V
   (half mark each – 5)
Total marks: 18

Module 4

Listening Test: Foundation

1 T-shirt, socks, shirt (3)
2 raincoat 800F; trousers 400F; tie 50F (3)
3 **C** (1)
4 ARMOIRE should be written at end of bed
   TABLE next to window (2)
5 **D** (1)
Total marks: 10

Listening Test: Foundation/Higher

1 raincoat; 30% (half mark each – 1)
2 ✔ ? ✗ ✔ (4)
3 **C** (1)
4 **D** (1)
5 **a)** ✗ **b)** ✗ **c)** ? **d)** ✗ **e)** ✔ **f)** ✗
   (half mark each – 3)
Total marks: 10

Listening Test: Higher

1 2, 4, 3, 1 (1)
2 **a)** pour travailler à Paris
   b) sa mère
   c) il a 19 ans (3)
3 **a)** (1)
4 **a) B** **b)** le garçon est trop jeune;
   il a cours le lendemain (3)
5 **a)** used to be her best friend, but not any longer
   b) she stole her boyfriend! (2)
Total marks: 10

Reading Test: Foundation

1 gloves – change to 42F; hat – change to 60F (2)
2 55F, 120F (2)
3 **C** (1)
4 **a)** Daniel Sabatini (1)
   b) medium height; short hair (half mark each – 1)
   c) wears trendy clothes (1)
   d) both like music and sport (1)
   e) he is Italian (1)
Total marks: 10

Reading Test: Foundation/Higher

1 **d** (1)
2 **B** (1)
3 **a)** A **b)** D (2)
4 **a)** because he is 16 (1) **b)** (see table below) (9)

concerning	old rule	new rule
going out	back by 10 p.m. latest	stay out to midnight
going to friends	had to phone to say arrived safely	doesn't have to phone now
drink	orange juice with meal	small amount of alcohol with meal

Total marks: 14

Reading Test: Higher

1 cleaning windows – ne mentionne pas
washing up – fait toujours
laying table – ne fait plus
vacuum cleaning – ne fait plus
shopping – ne mentionne pas
emptying dustbin – fait toujours
(half mark each – 3)
2 jeune, bien, son père, disputes (4)
3 Marine: critique (Ils ont peut-être oublié qu'eux
aussi sont passés par là!)
Anne: défend (Tu dois les aider à te comprendre!)
Virginie: défend (… ce n'est pas toujours facile.)
Céline: défend (Ils pensent agir pour notre bien!)
(8)

Total marks: 15

Module 5

Listening Test: Foundation

1 a) 5 **b)** bathroom is opposite the large room (2)
2 a) D **b)** D (2)
3 next to P sign (2)
4 park, pool, market (3)
5 10.00 to 5.00 (2) Tuesday (1) 24F (1) 17F (1)

Total marks: 14

Listening Test: Foundation/Higher

1 calme (2)
2 a) contre **b)** pour **c)** contre
d) pour et contre **e)** pour **f)** pour et contre (6)
3 a) are you tired? (1)
b) that she has put soap and towel in your room
(1 each for soap, towel + 1 for room – 3)
4 a) room too small for all her things;
b) put some things in the cellar (2)

Total marks: 14

Listening Test: Higher

1 a) ✗ elle ne veut pas partager (1+2)
c) ✗ la chambre est trop petite (1+2)
d) ✗ il n'y a pas de chauffage (1 + 2)
NB The French should be understandable rather
than completely accurate, and does not have to
follow the structure of the sample answers.
2 a) de la pluie (1)
b) du verglas (1)
c) du soleil (1)
3 1 F; 2 C; 3 B; 4 D (i.e. **A– B3 C2 D4 E– F1**)
(3 for correct order)
4 a) Yes, mostly (1)
b) helps him with his maths homework (2)
c) brother listens to loud music, and this stops him
getting to sleep (2)

Total marks: 20

Reading Test: Foundation

1 theatre is in second street on right;
post-office is in first street on left (2)
2 ✔ scarf, boots, thick coat (3)
3 1 foggy, **2** sunny, **3** thunder/lightning
(3 + 1 for correct order)
4 A (1)

Total marks: 10

Reading Test: Foundation/Higher

1 a) A jeudi soir
B dimanche après-midi
C mardi soir
D lundi matin
E dimanche matin (5)
b) mercredi (après-midi)
dimanche après-midi
mardi soir
dimanche soir
vendredi matin
lundi matin (half mark each – 3)
2 map should contain: (strong) wind symbol from
the west; rain in north; (partial) sun in south west;
15°C in north west; 20°C on south coast (5)

Total marks: 13

Reading Test: Higher

1 a) cet été; autrefois; cet été;
cet été; pas mentionné (5)
b) A (1)
2 hier: rain symbol
aujourd'hui: half cloud/half sun
demain: sun (3)
3 a) F **b)** F **c)** V **d)** ? **e)** V **f)** F (6)

Total marks: 15

Modules 1-5 cumulative test

Listening Test: Foundation

1 Nom ? Prénom Thierry
Age 15
Date de naissance 27 mars
Taille 1m 61 Yeux ? Cheveux noirs
Famille 1 sœur
Qualités patience, sens de l'humour
Je suis fort en ? (11)
2 facteur (1)
3 ✔ anglais, ✔ dessin (2)
✔✔ informatique (1)
✗ histoire-géo (1)
4 vacuum cleaning and gardening (2)
5 B (boulangerie) opposite the post office (2)

Total marks: 20

Listening Test: Foundation/Higher

1 ambitieux (1)
2 samedis (1); magasin (1);
12h30 (2); 7h00 (1); 140F (1)
3 samedi: ✔ party, dimanche: ✔ cycling (2)
4 t-shirt – 120 F (2)
cardigan – with zip – 160F (3)
striped – tie – 59 F (3)
5 a) are you tired?
b) do you want to go to your room?
c) are you thirsty? (any order) (3)

Total marks: 20

Listening Test: Higher

1 b ✔, c ✔ (2)
2 a) ✗ **b)** ✔ **c)** ✔ **d)** ✔✗ **e)** ✗ (5)
3 a) moins moderne
b) profs (plus sympas)
c) pas de gymnase (3)

Avantage 4 Assessment Pack © Heinemann Educational 1996   Special copyright conditions apply.

4 for   **against**
   character building   nothing to do
   can train for ages   interrupts studies
                        little pay   (5)

Total marks: 15

Reading Test: Foundation

1 shirt **B**, trainers **C**, pullover **G**, gloves **F** (4)
2 11:30 (2)
3 studieux, sportif (2)
4 someone who collects posters, likes animals, likes fashion (3)

Total marks: 11

Reading Test: Foundation/Higher

1 ✔ shop (1)
   ✘ gardening (1)
2 a) F **b)** V **c)** V (3)
3 a) how to become a pilot (1)
   b) do science, maths and technical subjects (1) plus a foreign language (1); be calm and brave (2); like travel (1)

Total marks: 11

Reading Test: Higher

1 Underline **b)**, **d)**, **g)**, **i)** (4)
2 a) answers such as: Elle a 11/12 ans; parce qu'elle est en première année de collège. (2)
   b) Non, parce qu'elle n'a pas d'amie. (2)
3 a) 12 (1)
   b) possibility of overtime (1)
   c) Wed + Thur (half) – because no work (half) Sat. morning (half) – because have to work (half)
   d) small groups (1)
   e) bring English objects (1)
   to make the pupils more interested to talk (1)

Total marks: 15

Module 6

Listening Test: Foundation

1 D (1)
2 A (1)
3 A 7F75 (le kilo) **B** (13F90) les 12   (2)
4 papa – water; maman – beer; sœur – water; Elodie – Coke (4)
5 beans, cauliflower (2)

Total marks: 10

Listening Test: Foundation/Higher

1 lettuce (1)
2 a) pendant; **b)** à la fin; **c)** à la fin; **d)** au début **e)** pendant; **f)** pendant; **g)** à la fin   (7)
3 ham – 5 tranches, 16F
   saucisson – 200g, 18F
   cheese – 500g, 54F   (6)
4 a) you can eat outside if you want (1)
   b) fixed-price menu at midday only; choice of menus in the evening (2)
   c) how do you want your steak? (1)
   d) here's the dessert menu; there's no fruit salad left (2)

Total marks: 20

Listening Test: Higher

1 au restaurant (1)
2 A for the following: eggs, tomatoes, cheese
   B for fish, onions, white wine, cream
   (1 mark per item – 7)
3 a) V **b)** F **c)** F **d)** ? **e)** V (5)
4 a) Nathalie **b)** – **c)** Eric **d)** – **e)** Sandrine
   f) Benjamin (half mark each – 3)
5 any three from each category:
   scones; likes; eaten with a cup of tea/at 4.00pm
   fish and chips; dislikes; very greasy/dislikes eating from paper
   cold chocolate or strawberry milkshake; dislikes; too sweet
   variety of cereals; likes; most are good (9)

Total marks: 25

Reading Test: Foundation

1 ✔ pears, pineapple, lemons, grapes, tomatoes, cucumber, onions (7)
2 64 F/le kilo (2)
3 a) ✔ **b)** ✘ **c)** ✘ **d)** ? **e)** ✔ (5)
4 a) ice-creams, pear tart, gateau + one extra mark for 'black forest' (4)
   b) 10F extra/for the cheeseboard (2)

Total marks: 20

Reading Test: Foundation/Higher

1 potage, omelette, saumon, spaghettis (4)
2 toast, fruit juice (2)
3 a) au restaurant **b)** le weekend dernier
   c) l'anniversaire de ma sœur
   d) un steak; de la dinde (1 each)
   e) du vin rouge; des jus de fruits (1 each)
   f) c'était super   (8)
4 egg yolks – keep fresh by putting in a cup and covering with a little water
   fruit salad – only put bananas in at the last minute, to stop them going black
   raw tomatoes – they will peel more easily if plunged briefly into boiling water
   (1 for each food; 1 for each tip – 6)

Total marks: 20

Reading Test: Higher

1 pesez, cassez, mélangez, ajoutez, versez, laissez (6)
2 chicken (2)
3 a) parce qu'on peut manger des choses sucrées (2)
   b) any 'dairy product' French words eg le fromage, le beurre, la crème (2)
4 a) seek doctor's advice (2)
   b) your weight will soon stabilise (2)
   c) because the combination of sugar and fat is particularly bad (2)
   d) eating between meals, drinking too many sugary drinks (2)

Total marks: 20

Module 7

Listening Test: Foundation

1 10:00 – 12:45 (2)
2 a) ear-rings, necklace, key ring (3)
   b) necklace (1) **c)** 39F (1)

3 post office should be marked in the street second on left, after lights (1)

Total marks: 8

Listening Test: Foundation/Higher

1 a) 4 **b)** l'autobus **c)** 20 (3)
2 DARTY joined with hi-fi; MONSIEUR SERRE joined with plants; CONFORAMA joined with armchair (3)
3 a) timbres **b)** boîte aux lettres
  c) chèques de voyages **d)** monnaie **e)** guichets (5)
4 castle – any 2 of: built in 13th century; in good condition; open in summer only
  tower – any 2 of: older than the castle; used to be a prison; can visit it without guide
  flower market – in front of church; very colourful (9)

Total marks: 20

Listening Test: Higher

1 47F50 (2); commission – 75F (1)
2 a) le marché **b)** au parc (2)
3 c, –, b, a, –, d (4)
4 a) she is sorry (1)
  b) she will give you the money back/because there aren't any others in the same colours (2)
  c) turn right, cross the main square, follow main road,/and turn left at the first lights/second shop on the right (3)

Total marks: 15

Reading Test: Foundation

1 C (1)
2 POSTE on the right after the bridge (1)
3 ✔ earrings, socks, pen (3)
4 a) ouvert **b)** fermé **c)** ouvert **d)** ouvert (4)
5 five minutes from town centre;
  quiet, because it's in a pedestrianised street;
  bank and post-office nearby (2 marks each – 6)

Total marks: 20

Reading Test: Foundation/Higher

1 Route: from station turn left, first right, second left, ✗ in the third house on left (2)
2 suitcase – third floor; long dress – first floor; set of glasses – basement; food selection – ground floor; toy – second floor; money – fourth floor; perfume – ground floor (7)
3 Sophie for: things to do in the evening
    against: lots of noise in the street, especially late at night
  Martin for: very good views
    against: no garden
  Bobby for: you can play in the streets safely
    against: few things to do (6)

Total marks: 15

Reading Test: Higher

1 a) B **b)** E **c)** C (3)
2 a) Le marché aux animaux **b)** La gare
  c) vieille; rues **d)** camping; d'un complexe commercial **e)** parking (7)
3 a) any 4 of: decorate it; clean it up; put up funny posters; plant trees and flowers; erect hoardings for posters; sports facilities (4)
  b) a gala and exhibition (1)

Total marks: 15

Module 8

Listening Test: Foundation

1 a) horse riding **b)** cycling **c)** running + swimming **d)** basketball (5)
2 mercredi – basketball;
  vendredi – horseriding (4)
3 E (1)
4 watch faces should show 3:00 and 4:00 (2)
5 a) at the doctor's – at 10 o'clock
  b) in front of the sports centre – at 11.45
  c) at the bus station – at 7.30 (6)

Total marks: 18

Listening Test: Foundation/Higher

1 B (1)
2 a) la natation **b)** la gymnastique (2)
3 pied   rugby (2)
4 c) (1)
5 one; with each meal; drink lots of water (3)

Total marks: 9

Listening Test: Higher

1 a) V **b)** F **c)** F **d)** ? **e)** V **f)** F (6)
2 Alice – A should be in the babysitting box
  Boris – B should be in the 'painful leg' box
  Cécile – C should be in the 'sniffling' box (3)
3 demain matin (de bonne heure) (1+1)
4 a) they'll be able to do a range of sports/they have never done before (2)
  b) excited, but a bit scared (2)

Total marks: 15

Reading Test: Foundation

1 B (1)
2 a) Tania (1); **b)** Gaby; Anne (2)
3 pastilles, rouge à lèvres, crème antiseptique, sparadrap (4)
4 take three times a day (1) after meals (1)

Total marks: 10

Reading Test: Foundation/Higher

1 D, A, E, H (4)
2 Clémence, Vanessa, Simon (3)
3 a) jogging **b)** cycling **c)** big meals, watching TV **e)** at least/three times per week (6)

Total marks: 13

Reading Test: Higher

1 tick in order: Elise, Nina, -, Elise, -, Elsa, Suzanne (7)
2 a) about the sea (1) **b)** 20th anniversary (1)
  c) he catches fish/in order to save them (2)
  d) she lives in a desert/which used to be sea (2)
  e) from her grandfather (1)
  f) Yes (1); passionnant, comme d'habitude (1)

Total marks: 16

Avantage 4 Assessment Pack © Heinemann Educational 1996   Special copyright conditions apply.

Module 9

Listing Test: Foundation

1 9:20 (1)
2 **F** (detective series) (1)
3 3, 1, 2, 4 (i.e. 1 weather, 2 news, 3 sport,
  4 cartoon) (2 for correct order)
4 sunny (1), hot (1)

Total marks: 6

Listening Test: Foundation/Higher

1 le dessin animé (1)
2 wind – at home playing cards;
  fine – boating on lake (4)
3 **a) B b) D** (2)
4 results of survey/80% of British teenagers/have got
  a TV in their bedroom (3)

Total marks: 10

Listening Test: Higher

1 6.10 La Roue de la Fortune, 7.00 Flic à tout faire,
  8.00 Journal, 8.50 Top 50 (4)
  Flic à tout faire ✔; Top 50 ✔ (2)
2 écouter la radio (1)
3 matin – sun (1); après-midi – cloud (1)
4 **a)** she has seen it twice already (1)
  b) a young teenager who leaves home (after an
  argument) to hitch-hike round the world (2)

Total marks: 12

Reading Test: Foundation

1 Chantez-moi vos chansons (1)
2 cloud and rain symbols in south/south-west
  fog symbol in north/north-east
  snow and wind symbols in east (6)
3 in order: Castel, Sophie, Lion, sœurs jumelles,
  patiente et généreuse, incapable de rester
  immobile, photographie et poterie, poulet
  normand, jus de fruits, mon nouveau disque est
  bientôt en vente (10)
4 **a)** extra showing this afternoon if wet (1)
  b) under 16s/not admitted (2)

Total marks: 20

Reading Test: Foundation/Higher

1 **a)** (1)
2 Voyage dans … ✔; Le retour … ✗; Le prêtre … **?**;
  Le dernier mariage ✔ (4)
3 Le tennis, le football et le cyclisme; le ping-pong; le
  volleyball; la danse, la gymnastique, le handball et
  le volleyball (9)
4 **D** (1)

Total marks: 15

Reading Test: Higher

1 vendredis, classes (cours) , 6,50F, vu/regardé,
  choisi, aimé (6)
2 **a)** M. L **b)** Alain **c)** Mlle S
  d) Mme A **e)** Mme T (5)
3 lots of friends around you/one might make a play
  for your current boy/girl friend (2)
  you will receive some money at the end of the
  week/keep it safe, tell no-one for fear of losing it (2)

Total marks: 15

Module 10

Listening Test: Foundation

1 **a)** 27 **b)** ✗ second 'allée' on right (2)
2 **D** (1)
3 **a)** 12:15 **b)** 9 (2)
4 **a) B** and **E** (2) **b)** 39F (1)
5 **B** and **E** (2)

Total marks: 10

Listening Test: Foundation/Higher

1 **a) B** (1) **b) B** and **D** (2) **c)** 24F/par personne (2)
  d) 7:15   9:00 (2)
2 Avantage: près d'un lac (1)
  Inconvénient: pas de magasin (1)
3 **a)** plane **b)** coach **c)** plane **d)** car (4)
4 **A** (1)
5 **a)** the hotel is full (1)
  b) they don't serve meals (1)
  c) the last train to Paris/has already gone (2)
  d) they sell petrol (but don't repair cars)/
  go to garage opposite (2)

Total marks: 20

Listening Test: Higher

1 ✗ Over bridge, left, 100m down on left
  ✗ This side of river, right at second lights and it is
  on the right, just before the roundabout (2)
2 chambre; 120F; téléphone; 35F; 605F (5)
3 3, 5, 6, 2, 1, 4 (i.e. correct order = **E, D, A, F, B, C**)
  (half mark each – 3)

Total marks: 10

Reading Test: Foundation

1 **d)** (1)
2 **a)** (1)
3 28 (1)
4 **a)** mardi **b)** 18h **c)** les dimanches/et les jours fériés
  d) octobre (5)
5 **b)** (1)
6 you can get bread here (1)

Total marks: 10

Reading Test: Foundation/Higher

1 temps/climat; beau/chaud; cadeaux/souvenirs;
  demain/bientôt (4)
  N.B. These are suggestions only; other answers may
  be equally valid
2 **a)** ✗ **b)** ? **c)** ✗ **d)** ✔ **e)** ✔ (5)
3 **a) D** or **C b) E c) C d) A e) D f) B** (6)
4 **a)** Easter and summer (1)
  b) any 3 from: horse-riding, shows, computers,
  walks (3)
  c) meeting new friends (1)

Total marks: 20

Reading Test: Higher

1 9h20, 8h45, 8h15, 9h25, 9h15, 7h25 (6)
2 Catherine, Nadia, Saïd, Laurent, Thierry (5)
3 Raoul: hitch hike; meet lots of different people;
  sometimes have to wait a long time (3)
  Yolande: hovercraft; crosses Channel in less than 40
  minutes; cancelled if weather is very windy (3)

Total marks: 22

Tape Transcript

Module 1

Listening Test: Foundation

1 – Alors, Jean-Michel, tu voudrais te présenter au groupe?

– Oui … alors … je m'appelle Jean-Michel … Jean-Michel GODIN. GODIN, ça s'écrit G-O-D-I-N. J'ai quatorze ans et mon anniversaire, c'est le premier février. Je mesure 1m55. J'ai les yeux bruns et les cheveux noirs.

2 a) Moi, je suis journaliste, depuis cinq ou six ans. Ça me plaît énormément.

b) Je suis maçon. Le travail est très dur mais je trouve mon métier très agréable.

c) Je suis coiffeuse en ville. Je trouve ça très intéressant, et j'adore rencontrer des gens différents.

d) Je travaille dans un bureau. Je m'ennuie énormément.

3 – Vous êtes réceptionniste, c'est ça?

– Oui, tout à fait.

– Et avant ça, qu'est-ce que vous avez fait dans la vie?

– Eh bien, d'abord, j'ai travaillé comme serveuse dans le restaurant d'un hôtel; ensuite j'ai trouvé un petit travail dans un magasin; et finalement je suis retournée à l'hôtel – je travaille maintenant comme réceptionniste dans cet hôtel.

4 a) Moi, je soigne les malades dans un hôpital.

b) Moi, j'enseigne dans une école primaire.

c) Moi, je prépare les repas dans un hôtel parisien.

5 a) Moi, j'adore voyager; j'aimerais travailler dans une agence de voyage.

b) Je voudrais travailler dans un salon de beauté. Je m'intéresse beaucoup au maquillage.

c) Moi, je suis passionné de voitures; alors j'aimerais travailler dans un garage.

Module 1

Listening Test: Foundation/Higher

1 Moi je préférerais travailler à mon compte. Comme ça on est plus indépendant, et en plus on est plus libre pour choisir les heures où on travaille.

2 Ma mère travaille chez un vétérinaire, elle est réceptionniste. Elle travaille à mi-temps, le matin seulement, de huit heures à midi et demi. Elle travaille presque tous les jours, même le weekend, mais elle ne travaille jamais le mercredi matin. Mais maman adore son travail. Elle aime beaucoup les animaux et elle trouve le boulot très varié.

3 Quand je trouverai du travail, je voudrais travailler en plein air. Le métier de fermier ou d'agriculteur me plairait, car j'ai toujours aimé les animaux. Seulement j'ai du mal à me lever tôt, et un autre inconvénient, c'est que souvent on doit travailler seul, et moi, vraiment, je n'aimerais pas ça.

4 – Tu t'entends bien avec ta sœur?

– Oui, c'est-à-dire quelquefois je m'entends bien avec elle. Elle est très pratique et toujours prête à m'aider avec les devoirs. Mais elle n'a pas beaucoup de confiance en elle, et quand elle était plus jeune elle était trop bavarde.

Module 1

Listening Test: Higher

1 Après avoir fini mes études, j'ai débuté dans un hôtel où j'ai travaillé comme serveuse pendant un ou deux ans. Ensuite j'ai trouvé un petit travail dans un magasin; mais, je n'ai pas beaucoup aimé ça et je suis retournée à l'hôtel où je travaille maintenant comme réceptionniste.

2 Nathalie est très timide, elle n'ose jamais parler à personne, même aux gens qu'elle connaît bien. Je lui conseille de s'investir un peu plus avec les autres.

Jean-Jacques a beaucoup de talent. Il est très doué, tu sais, fort en toutes les matières.

Par contre, Gérard n'est pas fort en classe, mais il travaille très dur, il veut réussir.

Mais sa sœur jumelle Christine, c'est le contraire. Les études ne l'intéressent pas du tout. Elle ne fait presque rien en classe, et elle ne fait pas ses devoirs non plus. Elle est très paresseuse, tu comprends? Béatrice … elle, elle est très bavarde. Elle ne cesse jamais de parler, même en classe, même quand le prof est en train de faire son cours. C'est rigolo, mais vraiment je crois qu'elle exagère un peu. Du coup elle a de très faibles résultats.

3 a) Jusqu'à l'année dernière, je travaillais dans un bureau en ville et j'étais tous les soirs avec ma famille. J'ai changé de métier et maintenant je dois passer beaucoup de nuits dans un hôtel, loin de la maison.

b) Quand j'habitais Rennes, je pouvais aller travailler à pied, car j'habitais tout près de mon lieu de travail. Tandis que maintenant, il faut que je prenne le bus pour me rendre au bureau.

c) Avant, j'avais un travail très sain – très sain parce que je travaillais à l'extérieur. Mais maintenant, je ne travaille plus en plein air, je crois que c'est moins bon pour la santé.

4 a) Regarde cette photo – elle est très vieille. Ça, c'est mon oncle. Tout le monde dit que je lui ressemble. Nous avons tous les deux la même couleur de cheveux, et nous sommes plus ou moins de la même taille.

b) On m'a souvent dit que je ressemble à ma grand-mère qui avait le visage rond et était très mince.

c) Je crois que quand j'étais bébé je ressemblais beaucoup à papa, c'est ce qu'on dit, mais il faut dire que maintenant, je suis tout à fait comme maman – on a les mêmes yeux. En plus on a le même caractère.

Avantage 4 Assessment Pack © Heinemann Educational 1996   Special copyright conditions apply.

Module 2
Listening Test: Foundation

1 Pour trouver la bibliothèque, vous allez jusqu'au bout de ce couloir, tournez à gauche et la bibliothèque est droit devant vous.

2 Moi j'habite près du collège, donc je viens à pied. J'en ai pour cinq minutes, maximum.

3 Votre prochain cours, c'est un cours de dessin. Pour cela, vous allez à la salle 12.

Après ce cours, c'est l'heure du déjeuner. Si vous mangez à la cantine, vous devez arriver à midi et demi.

4 Moi, à l'école, le cours que j'adore le plus, c'est l'anglais. J'aime beaucoup le dessin également. Par contre, je n'aime pas du tout les cours d'informatique et j'ai horreur de l'éducation physique.

5 – Il y a beaucoup d'élèves dans ta classe?
– Cette année il y a plus de trente élèves dans ma classe: en fait, il y en a trente-deux. Tu trouves que ça fait beaucoup?

Module 2
Listening Test: Foundation/Higher

1 Tu as une très bonne moyenne en français cette année – 13, c'est super. 13 en biologie aussi. Félicitations. En technologie, c'est encore mieux: 14 sur 20, c'est très bien, j'en suis très content. Je crois qu'en maths, tu vas devoir travailler un peu plus dur l'année prochaine, car tu n'as que 8,5.

2 Cette année j'ai pas mal de devoirs. En anglais, par exemple, j'ai deux heures et demie de devoirs; en français aussi, c'est la même chose. En maths, c'est encore pire – quatre ou cinq heures, c'est dur ça. Par contre on n'a pas de devoirs en dessin, parce qu'on doit tout finir en classe. En histoire-géo, c'est pas trop mal, ça me prend en moyenne une heure trente par semaine, et en espagnol, ça va – un devoir par semaine, trente minutes maximum.

3 **Arnaud**
Il faut dire que ça m'ennuie, les devoirs. Je préférerais faire autre chose le soir que de rester enfermé dans ma chambre.

Béatrice
Moi aussi, je trouve qu'on devrait travailler dur en classe, puis terminé! Comme ça on pourrait s'amuser un peu le soir.

Catherine
Je trouve difficile de me concentrer en classe, donc moi j'aime bien travailler chez moi – c'est plus agréable, et beaucoup plus tranquille.

David
Quelquefois je trouve ça énervant, surtout quand il y a quelque chose d'intéressant à la télé. Mais je vois qu'il est nécessaire de travailler indépendemment des camarades de classe et du professeur. Donc moi, je ne suis ni pour ni contre.

Edith
Quand j'allais à l'école primaire, on n'avait pas de devoirs – on était libre le soir. Tandis que maintenant, c'est vraiment pénible – on arrive à la maison, il faut tout de suite recommencer à bosser. C'était beaucoup mieux à l'école primaire.

4 C'est mercredi aujourd'hui. Cet après-midi il n'y a pas cours, et c'est formidable – je n'ai pas de devoirs. Alors, je vais mettre un peu d'ordre dans ma chambre, ensuite je vais sûrement appeler mes copines, et s'il continue à faire chaud, j'irai dans le jardin me faire bronzer.

Module 2
Listening Test: Higher

1 Il est assez vieux, il a le teint un peu pâle. Quelquefois il est de mauvaise humeur, et il crie assez fort. Mais en fin de compte c'est un bon prof, et il sait nous faire travailler – il explique bien et on le respecte.

2 L'année dernière, on avait un prof de maths qui était nul. Personne ne le respectait, c'était le chahut continuel avec lui. Cette année, c'est différent. Le prof est bien, assez stricte, maintenant j'ai de bonnes notes en maths.
Une autre différence, c'est qu'on a plus de devoirs. J'en fais trois heures par jour; l'année dernière c'était beaucoup moins.
Depuis le début de l'année, nous avons des cours le mercredi matin; mais par contre il n'y a plus classe le samedi matin. Le samedi, l'école est fermée – on a un vrai long weekend cette année.

3 Le collège s'appelle le Collège Emile Zola. Il a été construit je crois en 1970 ... euh oui, c'est bien ça, en 1970. Dans ce collège il y a 650 élèves et ... 43 professeurs, oui 43, dont sept à temps partiel. Les cours commencent à 8h15 – c'est tôt, hein, 8h15 – et ils finissent à 16h20. Comme vous voyez, c'est une journée assez longue, et même pour le déjeuner, les élèves n'ont qu'une heure pour manger.
Si vous avez des questions ou des problèmes pendant votre séjour au Collège Emile Zola, allez voir au secrétariat, il se trouve au rez-de-chaussée, près de l'entrée – il est écrit 'secrétariat'.

Module 3
Listening Test: Foundation

1 – Oui, ne quittez pas.
– ...
– Oui. Ah non, non je suis desolé, Madame Chamel n'est pas là en ce moment.
– ...
– Oui. Vous pouvez peut-être rappeler dans vingt minutes?

2 **a)** Moi, j'ai un job pour les vacances. Je travaille dans un café.

b) Je dois commencer tous les jours à neuf heures et demie.

c) C'est très bien. Je gagne deux cents francs par jour.

d) Ce n'est pas loin de chez moi, donc je peux facilement y aller à pied.

Avantage 4 Assessment Pack © Heinemann Educational 1996 Special copyright conditions apply.

3 Je veux communiquer les changements concernant la visite de Madame Servan. Eh bien, elle va arriver vendredi quinze juin à la gare Victoria, à treize heures. Vous avez compris? Vendredi … quinze juin … Victoria … à treize heures.
Pour confirmer ces changements, téléphonez au 22-56-31-12.

4 Maman travaille dans un bureau – elle est secrétaire pour le président de la compagnie. Papa travaille dans un supermarché – il prépare et vend la viande. Ma sœur Danielle travaille dans un hôtel, à la réception. Elle va au travail en voiture avec Michel, le voisin qui travaille dans un collège à côté.

Module 3

Listening Test: Foundation/Higher

1 Allez jusqu'au bout de ce couloir, et tournez à gauche. La porte de M. Ménard est la troisième porte sur votre droite.

2 a) J'ai rendez-vous avec Monsieur Ménard. Est-ce qu'il est libre en ce moment?

b) Je regrette. Il n'est pas libre en ce moment.

c) Attention, car c'est très dangereux, ça.

d) Il n'est pas là. Pouvez-vous rappeler dans une demi-heure?

3 L'année dernière, pendant les vacances, j'ai travaillé dans une usine – je devais mettre les produits dans des boîtes. Cette année, c'est différent – je travaille pour la même compagnie, mais cette fois-ci, je travaille comme standardiste. C'est beaucoup plus agréable cette année.

4 Est-ce que tu as 16 ans? Je te pose cette question, parce que normalement il faut avoir 16 ans si on veut travailler en Europe. Alors, des conseils:
Pour trouver du travail temporaire, moi j'ai toujours trouvé inutile de chercher dans les journaux.
Le mieux, c'est d'écrire directement à des compagnies ou des magasins, et de leur demander s'il y aura des possibilités de travail.

Module 3

Listening Test: Higher

1 Bof … vous savez … on a de la chance de travailler quand il y a tant de chômage. Mais le travail ici est dur, très dur … je travaille de longues heures. A vrai dire, je suis assez bien payé et je peux travailler des heures supplémentaires si je veux, pour gagner davantage.

2 – Vous pouvez me parler de votre travail?
– Eh bien, je suis patron d'un restaurant modeste qui s'appelle Le Lion d'Or. Ma femme et moi, nous préparons les repas, et il y a deux jeunes hommes qui travaillent comme serveurs – donc on est quatre en tout. On ouvre tous les jours, sept jours sur sept, mais au déjeuner seulement: de midi jusqu'à deux heures et demie. Le menu du jour coûte soixante-cinq francs, et le plus populaire de tous nos plats, c'est le poulet au vin blanc. Notre restaurant est situé juste en face de la gare, donc on reçoit beaucoup de voyageurs – en moyenne, nous avons entre vingt et vingt-cinq clients par jour.

3 Eh bien, je propose vendredi prochain pour notre meeting. Alors, le matin je suis prise mais je pourrai prendre le train de midi moins vingt. J'arriverai donc à … voyons … bon, le train arrive à seize heures trente cinq. Vous pourrez venir me chercher à la gare?

4 Eh bien, ce matin d'abord tu vas me remplacer à la réception parce que je dois aller en ville. J'en ai pour une heure maximum, donc je serai de retour vers neuf heures et demie. Alors, quand je reviendrai, il faudra que tu vérifies les douches pour hommes – quelqu'un m'a dit qu'une des douches ne marche plus, alors tu vérifieras et tu noteras, tu comprends? Il y a autre chose aussi – les pots de fleurs devant la réception, il faudra les arroser, parce qu'avec cette chaleur, la terre est très sèche, donc tu iras chercher de l'eau – tu sais, il y a un robinet tout près – et tu arroseras les fleurs dans les pots. Mais fais attention que l'eau ne coule pas partout. C'est compris?

5 Alors, c'est Monsieur Ramonet à l'appareil. Pourriez-vous transmettre un petit message à Mister Jacobs. Voilà, mon avion a du retard. On est toujours à Paris, on n'est pas encore parti. Nous ne pourrons plus arriver à dix heures. L'heure prévue de notre arrivée est maintenant midi vingt. Alors, est-ce que Mister Jacobs pourra venir nous rejoindre à l'aéroport, cela nous fera gagner du temps

Module 4

Listening Test: Foundation

1 – Tu as des vêtements sales pour la machine?
– Oui, mon T-shirt et mes chaussettes. Et il y a cette chemise aussi.

2 – Regarde ce que j'ai acheté. Cette cravate … elle est belle hein?
– Tu l'as payée cher?
– Cinquante francs. Cinquante francs, une cravate comme ça, c'est rare! Ensuite regarde, un beau pantalon pour les sorties; assez cher, mais une affaire quand même: j'ai payé quatre cents francs.
– Quatre cents francs? C'est bien.
– Finalement, j'ai trouvé cet imperméable pour l'hiver: huit cents francs. Qu'est-ce que tu en penses?
– Un imper à huit cents francs. Où l'as-tu acheté?

3 Ben, non. Vous voyez, c'est trop grand. Avez-vous quelque chose de moins large?

4 J'ai changé ma chambre, j'ai mis la table à côté de la fenêtre, et mon armoire au bout de mon lit.

5 Mon meilleur ami à l'école adore le foot, la gymnastique et la natation, mais il n'aime pas tellement la plupart des cours.

Avantage 4 Assessment Pack © Heinemann Educational 1996 Special copyright conditions apply.

Module 4

Listing Test: Foundation/Higher

1 Aujourd'hui les imperméables pour hommes et femmes sont en soldes. Réduction de 30% sur tous nos imperméables.

2 La chemise en coton, vous pouvez la laver avec les autres vêtements.
Le jean est déjà délavé, donc vous pouvez le mettre dans la machine à laver sans problème.
Le gilet, il faut le faire nettoyer à sec.
Le T-shirt rayé, normalement il vaut mieux le laver à la main à cause des couleurs, mais il est déjà assez vieux – ça va peut-être aller.

3 Je vais prendre celui-ci. J'aime les gilets en laine, avec ça on a chaud l'hiver. Je préfère celui-ci, avec les boutons.

4 Dimanche dernier, c'était l'anniversaire de mariage de mes parents. Nous sommes allés à un restaurant très chic, alors j'ai porté une robe longue et des chaussures très élégantes. J'ai mis aussi un collier en or que j'ai emprunté à ma tante. Regarde! Voici une photo que papa a prise.

5 **a)** Je trouve ça stupide, la drogue. Je suis vraiment contre.

   b) C'est très dangereux. Mon conseil, c'est d'éviter la drogue.

   c) Il n'est pas question de 'pour' ou 'contre' la drogue – on n'a pas le droit de nous dire de ne pas prendre de drogue. C'est un monde libre.

   d) A mon avis, c'est une perte d'argent, et c'est mauvais pour la santé.

   e) De temps en temps, ça ne fait pas de mal. On se détend, on se sent bien.

   f) J'ai une amie qui a été très malade après avoir avalé des pilules – ça m'a fait peur de la voir.

Module 4

Listening Test: Higher

1 – Tu as des devoirs à faire?
   – Oui maman, mais je viens de téléphoner chez Katia. Je voulais savoir à quelle heure nous allons nous voir ce soir.
   – Et tes devoirs?
   – Je les ferai en rentrant. Je rentrerai avant neuf heures, ne t'inquiète pas.
   – Tu manges avant de sortir?
   – Bien sûr. J'ai faim.

2 Antony a un frère aîné qui va aller travailler à Paris. Il est très content de le voir partir parce qu'il n'aura plus besoin de partager sa chambre, il aura enfin sa chambre personnelle, à lui. Mais sa mère a peur pour lui, elle croit que la vie dans la capitale est très dangereuse. Son père, par contre, pense qu'il est assez vieux pour partir tout seul, maintenant qu'il a dix-neuf ans. Moi, je l'envie; j'aimerais pouvoir faire de même.

3 Je connais Marie-Paule depuis très peu de temps, mais on est devenus amies. On s'entend bien, on a les mêmes goûts en musique et en sport. Ce que je n'aime pas, c'est qu'elle n'a pas le sens de

l'humour, elle prend tout trop au sérieux. Et autre chose que je n'aime pas, c'est qu'elle fume, je trouve ça stupide.

4 – J'ai été invité à une boum vendredi soir. C'est chez Nadia. Tu sais, elle habite en pleine campagne, donc il sera très difficile de rentrer à la maison car la boum finit après minuit et elle a proposé que je passe la nuit chez elle.
   – Je veux bien que tu ailles à la boum. Aucun problème. Mais je ne suis pas d'accord pour que tu restes là toute la nuit. Tu es trop jeune, à quatorze ans, pour passer toute la nuit avec une bande de copains. Et de toute façon tu as cours le lendemain matin – tu seras très fatigué en classe.

5 Ma meilleure amie, avant, c'était Gisèle qui habite à côté de chez nous. On était toujours ensemble. Puis un beau jour elle a commencé à draguer mon petit ami. Alors je n'ai pas aimé ça et j'ai essayé de lui en parler, mais ça n'a pas marché; on s'est disputé à la fin, tout ça à cause d'un garçon!

Module 5

Listening Test: Foundation

1 Votre chambre est au premier étage. C'est la chambre numéro cinq.
Il y a une autre chambre, plus grande, à côté, et la salle de bains est en face de la grande chambre.

2 Aujourd'hui il y a du soleil. Oui, du soleil, et il fait déjà vingt et un degrés.
Une prochaine fois, venez en hiver, au mois de février par exemple.
Même en hiver, il fait très beau; et il y a très peu de neige.

3 – Il y a un syndicat d'initiative en ville?
   – Oui, il n'est pas loin. Il est juste à côté du parking souterrain, en plein centre-ville.

4 – Qu'est-ce que vous me conseillez comme visite?
   – Alors, il y a le jardin des plantes qui est très joli … il y a aussi une très belle piscine chauffée qui vient d'ouvrir, elle est toute moderne. Je peux vous recommander aussi le marché en plein air qui a lieu tous les matins, c'est très intéressant.

5 – Quand est-ce que le musée est ouvert?
   – Tous les jours sauf le mardi. Il ouvre à dix heures le matin, et ferme à cinq heures du soir.
   – L'entrée, ça coûte combien?
   – Eh bien, tarif normal, c'est vingt-quatre francs, mais pour les enfants et les étudiants, il y a un tarif réduit, c'est-à-dire dix-sept francs.

Module 5

Listening Test: Foundation/Higher

1 C'est une très jolie région, et en plus c'est tranquille, il n'y a pas beaucoup de touristes.

2 **a)** Je n'ai pas de copains ici, ils habitent trop loin.

   b) Le climat par ici est vraiment super … parfait, en été de même qu'en hiver.

   c) C'est très ennuyeux, il n'y a rien à faire.

   d) J'aime beaucoup le fait que c'est très calme; le

seul inconvénient, c'est qu'il faut voyager loin pour trouver un magasin.

e) C'est génial, et beaucoup mieux que la ville où j'habitais avant. Vraiment, je n'ai pas encore trouvé d'inconvénients.

f) Je trouve que l'air n'est pas très sain par ici, mais le grand avantage, c'est que mon lieu de travail est à cinquante mètres de ma porte.

3 Ah! Te voilà enfin! Tu es fatigué? … J'ai mis une serviette et du savon sur ton lit dans ta chambre.

4 — Ecoute, Maman, je t'ai déjà dit, ma chambre est beaucoup trop petite; je n'ai pas assez de place pour toutes mes affaires.
— Mais tu as beaucoup de choses qu'on pourrait mettre à la cave. Ça te donnerait plus de place.

Module 5
Listening Test: Higher

1 a) Je préférerais avoir une chambre à moi seule. Ma sœur laisse ses affaires traîner partout.

b) Moi aussi, je partage ma chambre, mais nous n'avons jamais de problèmes.

c) Papa vient de m'acheter un ordinateur, alors c'est bien d'avoir un ordinateur, seulement je trouve maintenant que la chambre est devenue trop petite; et maintenant j'ai besoin d'une plus grande chambre.

d) L'hiver dernier, il a fait très froid dans ma chambre car nous n'avons pas le chauffage central.

e) Ma chambre est très petite, il faut le dire. Mais nous avons récemment changé les meubles de place, et maintenant je me trouve bien, je suis roi dans mon petit royaume.

f) La semaine dernière, mon frère est parti travailler à Paris, donc je ne partage plus ma chambre, et vraiment, c'est beaucoup mieux ainsi. Je n'ai plus à me plaindre.

2 a) N'oublie pas ton imperméable demain, et apporte un parapluie. On annonce …

b) Fais attention quand tu seras sur la route demain. Il va geler pendant la nuit. Demain il y aura …

c) Tu as l'air en forme. Tu es tout bronzé après tes vacances. Vous avez sans doute eu …

3 — Qu'est-ce que tu vas faire ce matin? Tu vas ranger ta chambre?
— C'est déjà fait, maman. Je l'ai fait en me levant, avant de faire ma toilette.
— Tu vas sortir alors?
— Non, je compte réparer le pneu crevé sur mon vélo. Mais avant ça, je vais manger quelque chose. J'ai faim. Je n'ai pas encore pris de petit déjeuner.

4 — Tu t'entends bien avec ton frère?
— La plupart du temps oui. Mais il m'irrite quand il écoute la musique forte: ça m'empêche de dormir. Mais il y a une chose qui est vraiment bien: il est très doué en maths et il m'aide quelquefois avec mes devoirs.

Modules 1 à 5
Listening Test: Foundation

1 Je m'appelle Thierry, – ça s'écrit T-H-I-E-R-R-Y et j'ai quinze ans. Mon anniversaire est en mars, c'est en fait le vingt-sept mars.
Je suis assez grand pour mon âge – je mesure 1,61m. J'ai les cheveux noirs.
J'ai une sœur mais je n'ai pas de frères.
Ma principale qualité, c'est que j'ai beaucoup d'imagination.

2 Moi, je travaille à la poste. Je distribue le courrier tous les jours, sauf le dimanche bien sûr.

3 Au collège, ma matière préférée, c'est l'informatique. J'aime beaucoup l'anglais et, parfois, j'aime aussi le dessin. La matière que je déteste vraiment, c'est l'histoire-géo – j'ai horreur de ça.

4 J'aide mes parents quelquefois à la maison. Je passe l'aspirateur partout dans la maison, et quand il fait beau je travaille un peu dans le jardin.

5 — S'il vous plaît, où se trouve la boulangerie?
— La boulangerie … alors, voyons, oui, ce n'est pas loin, c'est juste en face de la poste, de l'autre côté de la rue.

Modules 1 à 5
Listening Test: Foundation/Higher

1 A l'ecole, je travaille très dur parce que plus tard je veux aller à l'université, pour devenir médecin: ça, c'est très important pour moi.

2 Je viens de trouver un petit job dans un petit magasin tout près de chez moi. C'est tous les samedis après-midi. J'y vais tout de suite après les cours, c'est-à-dire à midi et demi, et je travaille jusqu'à sept heures du soir. C'est assez bien payé, cent quarante francs en tout – pas mal, hein?

3 Le weekend dernier, c'était super. D'abord, je n'ai pas eu de devoirs à faire, donc j'ai pu me relaxer un petit peu. Samedi soir, je suis allé à une boum avec des copains. La boum a fini tard, alors dimanche matin, je ne suis pas allé à l'église comme d'habitude: je suis resté au lit jusqu'à midi. Dans l'après-midi, j'ai fait une promenade à vélo avec ma sœur – c'était bien de prendre l'air.

4 — Alors, Monsieur, vous avez choisi?
— Oui, je crois que je vais prendre le t-shirt, celui-ci. Il coûte combien?
— Le t-shirt? Alors … il coûte cent vingt francs, Monsieur.
— Je vais aussi prendre ce gilet … il est beau … celui-ci, avec la fermeture éclair … oui, je le prends … vous m'avez dit le prix?
— Le gilet en laine … avec la fermeture éclair … coûte cent soixante francs, Monsieur.
— Et finalement, je vais prendre une de ces deux cravates … voilà, c'est décidé, je vais prendre la cravate rayée.
— Cette cravate-ci est à cinquante-neuf francs, Monsieur.

5 — Alors, te voilà enfin. Tu es fatigué après ce long voyage? … Veux-tu monter voir ta chambre? … Tu as un peu soif, peut-être?

Avantage 4 Assessment Pack © Heinemann Educational 1996   Special copyright conditions apply.

Modules 1 à 5

Listening Test: Higher

1 Pendant les vacances l'été prochain, je vais travailler dans un restaurant en ville. C'est déjà arrangé, j'ai écrit au propriétaire et il m'a interviewé il y a quelques jours. Il m'a dit que je pourrai servir dans le restaurant, et quand le restaurant sera fermé, je devrai balayer le plancher et nettoyer la cuisine. Je ne sais pas combien je vais gagner, mais je sais que je vais travailler six ou sept heures par jour.

2 a) Nathalie
   Depuis quelque temps je cherche à changer de métier, car vraiment après trois ans à faire tous les jours la même chose, on commence à en avoir marre.

b) Georges
   Je n'ai jamais cherché un autre métier, car j'aime tellement celui que j'ai.

c) Mahmoud
   J'ai pensé une fois à changer de métier, mais à quoi bon? Je m'entends bien avec mes collègues, je suis bien payé et je travaille des heures régulières. Alors, en somme, mon travail me plaît et je n'ai pas l'intention d'en changer.

d) Suzanne
   Ma sœur m'encourage à quitter le magasin où je travaille, car je ne gagne pas beaucoup. Mais, tu sais, ce n'est pas très fatigant … donc ça m'est égal … cette routine ne me gêne pas.

e) Roger
   J'étais plus ou moins heureux pendant quelques mois, mais récemment, j'ai commencé à me sentir très fatigué parce que je dois travailler la nuit quelquefois. C'est dur ça. On ne peut pas supporter longtemps un tel métier. Alors si quelqu'un me proposait autre chose, j'accepterais volontiers.

3 Je viens de changer d'écoles. Maintenant, je ne vais plus au collège. Je suis lycéenne. Alors, le lycée est plus grand que le collège – il y a environ mille élèves, tandis qu'avant il n'y en avait que six cents. Mais il faut dire que les bâtiments sont moins modernes, puisque le lycée a été construit au début du siècle. Dans l'école où je suis maintenant, je trouve que les professeurs sont sympas, on peut facilement discuter avec eux, ils traitent les élèves comme des adultes. Au collège, c'était différent, on était plutôt traités comme des enfants. Mais ce qui me manque maintenant, c'est le gymnase dans mon ancien collège, car il n'y a pas de salle de sport dans mon lycée – il faut aller au centre sportif en ville pour les cours d'éducation physique, ce qui est pénible.

4 – Tu sais, le service militaire ne va plus être obligatoire. Qu'est-ce que tu en penses?
   – Moi, j'aurais bien aimé faire mon service militaire. Une période avec des jeunes de son âge, et loin de ses parents, c'est très bon pour le caractère.
   – Oui, mais tu sais, on dit qu'on s'ennuie énormément, que souvent on n'a rien à faire.
   – Je ne suis pas d'accord. Si on veut, on peut apprendre un métier; par exemple, mon cousin qui voulait travailler dans la médecine, eh bien, lui, il a fait son service dans un hôpital.
   – Mais moi, je trouve que si on suit des études, le service militaire est comme une grosse interruption – moi je préférerais faire mes études, puis trouver un métier. Je ne veux pas passer mon temps dans l'armée. Et en plus, qu'est-ce que on gagne? Un tout petit peu d'argent, mais presque rien.

Module 6

Listening Test: Foundation

1 Aujourd'hui, le plat du jour, c'est du poulet au vin blanc; le poulet est servi avec du riz.

2 Est-ce qu'on peut avoir encore de l'eau, s'il vous plaît?

3 Aujourd'hui, les haricots verts sont en promotion, au prix spécial de sept francs soixante-quinze le kilo.

   Achetez douze pots de yaourt Danone pour le prix de dix. Douze pots pour le prix de dix. C'est l'affaire du jour.

4 Papa ne boit jamais d'alcool, donc il boit de l'eau en mangeant. Maman ne boit pas de vin, mais elle aime bien de temps en temps boire de la bière pendant le repas du soir. Ma petite sœur qui n'aime pas les boissons gazeuses boit de l'eau comme papa. Moi je préfère boire du coca.

5 J'aime les pommes de terre et les carottes, mais je n'aime pas les haricots. Je n'aime pas le chou-fleur non plus.

Module 6

Listening Test: Foundation/Higher

1 A midi, on va manger des crudités, c'est à dire – tomates, concombres, carottes rapées, peut-être avec un œuf dur. Tu préférerais autre chose, peut-être?

2 a) – Ça vous plaît?
   – Oui, c'est très bon, j'aime beaucoup ce poisson.

b) – L'addition, s'il vous plaît.

c) – Vous prenez encore du café?
   – Non merci. Nous sommes un peu pressés.

d) – Il y a une table pour deux personnes là-bas, dans le coin.

e) – Qu'est-ce que vous prenez comme dessert?
   – Pour moi, une tarte au citron, s'il vous plaît.

f) – On peut avoir encore du pain, s'il vous plaît?

g) – Nous avons très bien mangé. Tout était très bon, comme d'habitude.

3 Alors voilà Madame, cinq tranches de jambon … seize francs … et deux cents grammes de saucisson sec … alors dix-huit francs; et cinq cents grammes de Gruyère … ça fait cinquante-quatre francs, Madame.

4 a) Vous pouvez manger sur la terrasse, si vous préférez.

b) Le menu à 65F, c'est à midi seulement. Le soir, vous avez le choix entre deux menus – un à 100F et un à 120F.

c) Comment voulez-vous votre steak?

d) Voilà le menu des desserts, mais je dois vous dire qu'il n'y a plus de salade de fruits.

Module 6

Listening Test: Higher

1 Samedi, c'est l'anniversaire de mon frère, donc on ne va pas manger à la maison. Mes parents réserveront une table quelque part, sans doute dans un restaurant en ville.

2 Une omelette espagnole? Eh bien, c'est une omelette, donc des œufs, qu'on fait cuire à la poêle avec des tomates. Et on la sert avec du fromage rapé dessus.
Alors le thon normand? Mmm, c'est délicieux. Le thon, c'est un poisson. On fait cuire au four une tranche de thon frais, avec des oignons hachés, et du vin blanc. Quand il est prêt, on verse de la crème fraîche dessus.

3 Pendant la matinée, j'ai souvent faim, alors maman me donne une banane, ça donne de l'énergie; je n'ai donc plus faim avant midi. Je mange à la cantine à midi et demi, là on ne mange pas trop mal, il y a un grand choix de plats, et la plupart des élèves sont contents. On mange si bien que, moi, je n'ai pas envie de prendre le goûter de quatre heures. Par contre, le soir, avant d'aller au lit, si j'ai un petit creux, je mange un gâteau ou un peu de chocolat.

4 – Sandrine, que penses-tu des repas, des menus à la cantine?
– Moi, j'ai toujours très faim à midi, et je trouve qu'on ne nous donne pas assez à manger. Deux heures plus tard, j'ai déjà faim.
– Et toi, Eric, qu'est ce que tu en penses?
– Pour moi, ça ne vaut pas la cuisine de maman mais on n'a qu'une heure et quinze minutes pour manger. J'habite trop loin pour rentrer chez moi à midi. C'est dommage.
– Et Nathalie, que penses-tu de la cantine, toi?
– Oh, la bouffe, ça va, mais le seul problème c'est qu'il faut faire la queue, et quand on arrive enfin en tête de la queue, tout est déjà froid.
– Et toi Benjamin, la cantine, t'aimes ça?
– Non, les queues sont trop longues, ce qui veut dire que quand on est servi il ne reste que très peu de choix. C'est vraiment pénible.

5 Quand j'étais en Grande-Bretagne l'année dernière, j'ai beaucoup aimé les 'scones' qu'on mange avec une tasse de thé vers quatre heures de l'après midi. J'ai mangé aussi du poisson avec des frites, mais je n'ai pas aimé ça, c'est très gras et je n'aime pas les manger dans du papier. Au petit déjeuner on m'a souvent proposé du lait froid parfumé au chocolat ou à la fraise, mais c'était un peu trop sucré pour moi, surtout pour le petit déjeuner. Ce que j'ai beaucoup aimé, c'était la variété de céréales qu'il y a. La plupart sont très très bonnes.

Module 7

Listening Test: Foundation

1 Le magasin est fermé maintenant. Il ouvre à dix heures et ferme à une heure moins le quart.

2 – Alors, vous cherchez un cadeau pour votre amie. Voyons … voilà des boucles d'oreille … pas trop chères … ou bien ce pendantif … pas trop cher non plus. Et il y a ça … un porte-clefs souvenir.
– Le pendantif … il coûte combien?
– Trente-neuf francs.
– Je vais le prendre. Vous pouvez faire un paquet-cadeau, s'il vous plaît?

3 La poste. Alors, voyons … vous allez prendre la deuxième rue à gauche … c'est-à-dire aux feux.

Module 7

Listening Test: Foundation/Higher

1 Le parc d'attractions se trouve à quatre kilomètres du centre-ville. Le mieux, c'est de prendre l'autobus qui y va directement. Il y en a un toutes les vingt minutes.

2 Ça c'est Conforama. C'est un magasin de meubles, tu sais, des articles pour la maison.
Et voilà DARTY: c'est un magasin électro-ménager, donc si tu cherches une chaîne hi-fi ou un baladeur, tu vas chez DARTY.
A côté, tu vois Monsieur Serre – là, on peut obtenir des choses pour le jardin.

3 Exemple:
Je voudrais visiter la vieille ville. Est-ce que vous avez ………… ?

a) J'ai des cartes postales à envoyer en Grande-Bretagne. Je voudrais quatre ……………

b) Vous pouvez mettre vos cartes postales là-bas, dans la …………

c) Je n'ai plus d'argent. Je vais aller à la banque changer des …………

d) Vous avez dit quatre francs pour les timbres. Je regrette, je n'ai qu'un billet de cent. Je n'ai pas de …………

e) Si vous voulez acheter des billets de train, il y a des machines automatiques, ou bien vous allez aux …………

4 Je vous recommande le château qui vaut une visite. Il date du treizième siècle mais il est en très bon état. Il est ouvert en été seulement.
Tout à côté, vous verrez une tour, encore plus vieille que le château, qui autrefois servait de prison. Vous pouvez y entrer sans guide.
Et si vous cherchez quelque chose de plus moderne, tous les matins il y a un marché aux fleurs devant l'église – même si vous ne voulez rien acheter, les couleurs sont magnifiques.

Module 7
Listening Test: Higher

1 Aujourd'hui le taux est à quarante-sept francs cinquante la livre. Pour l'argent liquide, il y a une commission fixe de soixante-quinze francs.

2 – On va se garer près du château. C'est un bâtiment qui date du treizième siècle et qui a été restauré récemment.
– Oui, mais à l'intérieur il n'y a rien d'intéressant, papa. Si on commençait par le marché, c'est très animé et l'ambiance est super. On peut y acheter des vêtements de sports très bon marché.
– Bon d'accord. Alors on visitera le marché d'abord puis peut-être qu'on peut manger au self-service d'à côté?
– Mais papa, le jour du marché, il y a beaucoup trop de monde, tu sais. On ferait mieux d'acheter un sandwich au marché, et descendre au parc pour manger.

3 **a)** Moi, je trouve qu'ils ne devraient pas détruire la campagne. Notre région est très belle, surtout avec la forêt à côté, et les animaux sauvages qui y habitent.
b) Pour le moment, l'air est très pur par ici. Une fois que l'autoroute sera construite, tout sera sale, il y aura de la fumée, et l'odeur de l'essence.
c) Pour moi, la nouvelle autoroute sera un grand avantage, ça m'économisera du temps pour faire le trajet jusqu'au bureau.
d) Une nouvelle autoroute qui passe tout près de notre maison? Ça veut dire que nous entendrons tous les gros camions qui passeront jour et nuit.

4 Oh, excusez-moi, je suis désolée. Je vais le changer. Mais … oh, là là, je n'en ai plus de la même couleur. Ah écoutez, je vais vous rembourser votre argent.
Vous pouvez essayer La Maison du Pull, qui est à cinq cents mètres d'ici. Sortez et tournez à droite, et continuez jusqu'au bout de cette rue. Là, vous traversez la grande place, suivez la grand-rue, mais aux premiers feux, tournez à gauche. La Maison du Pull est le deuxième magasin sur la droite.

Module 8
Listening Test: Foundation

1 **a)** J'adore l'équitation, moi.
b) Moi, j'adore faire du vélo.
c) Mes sports préférés sont la course à pied et la natation.
d) Je déteste le foot, mais le basket, ça c'est pour moi le meilleur de tous les sports.

2 Tous les mercredis après-midi, je vais à la salle des sports, et là on joue au basket; le vendredi soir, ma sœur et moi, nous allons à la campagne faire du cheval.

3 Oh là là! J'ai mal. J'ai mal au dos.

4 Madame Legrand peut vous voir aujourd'hui … venez cet après-midi, entre trois et quatre heures.

5 **a)** On peut se retrouver chez le médecin à dix heures.
b) Je propose qu'on se voie devant le centre sportif à midi moins le quart.
c) Alors, c'est entendu … ce soir à sept heures et demie, à la gare routière.

Module 8
Listening Test: Foundation/Higher

1 L'été dernier, on est allé au bord de la mer – j'ai fait beaucoup de planche à voile.

2 Tous les weekends, le dimanche matin, mon père nous emmène à la piscine en ville. C'est bien, mais c'est toujours la même chose; j'aimerais essayer quelque chose de différent … la gymnastique par exemple.

3 Je vais arrêter de jouer au rugby, maman; je suis tombé une fois de plus, et cette fois je crois que je me suis cassé le pied.

4 – Tu peux sortir ce soir?
– Oui, j'ai déjà fini tous mes devoirs. Tu veux faire du vélo?
– Non, il fait un peu trop froid; j'aimerais louer un film-vidéo – ça t'intéresse?
– Oui, bonne idée. Je te retrouve au magasin dans dix minutes.

5 Je vous donne des comprimés – il faut en prendre un à chaque repas – vous comprenez, un comprimé avec chaque repas. A part ça, il faut boire beaucoup d'eau, ça vous fera du bien.

Module 8
Listening Test: Higher

1 Quand nous allons au bord de la mer, j'adore me baigner dans la mer. La piscine, ça ne me dit rien, mais nager dans la mer, c'est super. Quand je vais à la piscine en ville, je trouve qu'il y a trop de monde, donc nager devient très difficile.
L'hiver dernier, nous sommes allés faire du ski pour la première fois. Je me suis amusée, mais je dois dire que je ne skie pas bien du tout. Je tombais souvent, mais qu'est-ce qu'on rigolait!
Si j'y retourne, il faut que je fasse attention car j'ai souvent mal au pied depuis la dernière fois. Le médecin m'a recommandé d'éviter de faire trop de sport.

2 – Ecoutez, Alice m'a téléphoné pour dire qu'elle ne peut pas venir jouer aujourd'hui. Elle doit rester chez elle pour garder son petit frère.
– Il paraît aussi que Boris est absent aujourd'hui – il s'est fait mal à la jambe hier, en faisant du vélo.
– Et moi, j'ai vu la mère de Cécile. La pauvre Cécile. Elle est enrhumée aujourd'hui.

3 Je regrette, mais Monsieur Lautrec n'est pas là aujourd'hui; alors je noterai que c'est assez urgent et que vous allez revenir demain matin de bonne heure.

4 Notre professeur de gym nous emmène bientôt en weekend sportif à la campagne. Le programme est très original; c'est vraiment bien organisé, car nous

Avantage 4 Assessment Pack © Heinemann Educational 1996   Special copyright conditions apply.

allons être initiés à des sports que nous ne connaissons pas – il y a tout un choix de sports, mais chaque élève doit choisir des activités – deux ou trois activités en tout – qu'il n'a pas encore faites. C'est sensas, faire de nouvelles expériences comme ça. J'ai un peu peur aussi, parce qu'il y a des sports qui me semblent assez dangereux.

Module 9

Listening Test: Foundation

1 – Tiens, ce soir, il y a une pièce de théâtre à la télé.
   – Ça commence à quelle heure?
   – A neuf heures vingt.

2 J'aime beaucoup regarder la télé le soir. Mon émission préférée, c'est une série policier qui vient des Etats-Unis.

3 – Qu'est-ce qu'il y a à la télé ce soir?
   – D'abord, à huit heures moins cinq il y a la météo, ensuite ce sont les actualités, suivies d'un match – c'est bien, c'est le match Belgique contre l'Allemagne. Ensuite, si le match finit à temps, il y a un dessin animé.

4 Voici la météo pour demain. Du soleil partout en France, et il va faire très chaud pendant toute la journée. Voilà – une journée ensoleillée, une journée de chaleur.

Module 9

Listening Test: Foundation/Higher

1 Alors, il y a un dessin animé ou un jeu de questions. Je pense que le dessin animé n'est pas mal. Le jeu de questions, en général, je trouve que c'est un peu ennuyeux. Qu'est-ce que tu préfères regarder, toi?

2 – Qu'est-ce qu'on fait demain?
   – Ça dépend du temps. S'il continue à faire du vent comme aujourd'hui, je pense qu'on restera à la maison, je t'apprendrai un nouveau jeux de cartes si tu veux. Par contre, s'il fait beau on pourra aller au lac louer un bateau.

3 Robert m'a dit qu'il y a eu un accident devant sa maison. Un camion a heurté une voiture qui doublait dans un virage.
   Heureusement, ça n'était pas trop grave. Un des passagers a eu un bras cassé, c'est tout.

4 Tu sais … j'ai lu les résultats d'un sondage. Il paraît que 80% des teenagers britanniques ont la télé dans leur chambre.

Module 9

Listening Test: Higher

1 – Qu'est-ce qu'il y a à voir ce soir? Quelle heure est-il?
   – Six heures et demie.
   – Ah. La Roue de la Fortune a déjà commencé il y a vingt minutes. On l'a raté. Tant pis. Ensuite c'est la série américaine qu'on aime beaucoup; ça commence à sept heures.
   – A sept heures? Bon, on va la regarder, alors?
   – Oui, bien sûr. Ensuite, à huit heures, les informations, ça ne me dit rien, mais j'aimerais

regarder le programme de musique à neuf heures moins dix. D'accord?
   – Bien sûr. J'adore ça. Mais ce soir, je vais me coucher de bonne heure.

2 La météo? Oh zut, c'est trop tard. La météo, c'était juste avant les actualités régionales, on l'a raté. Mais si on l'écoutait à la radio? Il y a un bulletin toutes les demi-heures.

3 –Voici les prévisions pour demain. Dans toute notre région, le matin s'annoncera frais mais ensoleillé; dans l'après-midi, quelques nuages venant de l'ouest, mais n'ayez pas peur, demain il n'y aura aucun risque de pluie.

4 Ce soir – vous avez vu? – il y a un film superbe à la télé. Je l'ai déjà vu deux fois, mais ça vaut vraiment la peine de le revoir. C'est l'histoire d'un jeune adolescent qui s'est disputé avec sa famille et qui décide de partir faire le tour du monde en autostop. C'est vraiment bien.

Module 10

Listening Test: Foundation

1 Alors, votre emplacement, c'est le numéro vingt-sept. C'est la deuxième allée à droite.

2 Moi, je n'aime pas tellement faire du camping à la campagne – je préfère aller au bord de la mer.

3 Le TGV à destination de Lyon et Marseille partira à midi quinze du quai numéro neuf.
   Le TGV à destination de Lyon et Marseille partira à midi quinze du quai numéro neuf.

4 – Je voudrais un demi-litre d'huile, s'il vous plaît. Et je vais prendre ce paquet de bonbons.
   – Alors, l'huile et les bonbons, ça fait trente-neuf francs en tout.

5 Malheureusement, il n'y a pas d'hôtels ici. Mais, il y en a un un peu plus loin. Le mieux, c'est d'attendre le car de huit heures ou de chercher un taxi, car le dernier train est déjà parti.

Module 10

Listening Test: Foundation/Higher

1 Je peux vous donner une chambre de famille avec deux grands lits. Le prix de la chambre, c'est trois cent trente francs par nuit.
   Il y a une douche et un WC dans chaque chambre. Il y a un supplément de vingt-quatre francs par personne pour le petit déjeuner.
   Si vous voulez manger ce soir, le dîner est servi entre sept heures et quart et neuf heures.

2 Nous, on reste encore une semaine, puis on repart. Nous aimons bien ce camping, c'est tout près d'un lac, le problème c'est qu'il n'y a pas de magasins, donc pour faire les courses, il faut prendre la voiture.

3 **a)** Nous, on part en voyage au Canada, donc on va prendre l'avion.
   b) Je vais voyager en car, mais en arrivant, nous louerons des vélos pour faire des randonnées.
   c) Nos voisins nous ont recommandé l'avion, c'est très pratique, et certainement plus rapide que le bateau.

Avantage 4 Assessment Pack © Heinemann Educational 1996   Special copyright conditions apply.

d) L'année dernière, nous avons pris le train; mais c'est très cher, et je crois que cette fois nous allons prendre la voiture.

4 Allô, pouvez-vous venir m'aider. J'ai un problème avec ma voiture. C'est que la voiture perd de l'eau, et je n'ose plus avancer.

5 **a)** – Ah non, je suis désolé, l'hôtel est complet Monsieur.

   b) – Ah non, l'hôtel ne fait pas restaurant.

   c) – Le dernier train pour Paris est déjà parti.

   d) – Ici, on vend de l'essence mais on n'est pas mécanicien. Il faut aller au garage d'en face.

Module 10

Listening Test: Higher

1 Alors il y a deux stations service près d'ici. La première, c'est de l'autre côté de la rivière, donc vous devez traverser le pont, et après le pont, prenez à gauche et c'est sur votre gauche une centaine de mètres plus loin. Alors l'autre station c'est de ce côté de la rivière, vous descendez jusqu'aux deuxième feux et vous tournez à droite; ensuite vous continuez quelques mètres et c'est à droite, juste avant le rond-point.

2 – Je vous dois combien?
   – Alors ça fait six cent quarante francs en tout.
   – Oh, là là, ça fait un peu cher. Vous pouvez m'expliquer – je croyais que la chambre coûtait trois cent cinquante.

– En effet, Monsieur, ça c'est le prix d'une chambre avec lavabo. Mais vous avez eu une chambre avec salle de bains et il y a un supplément pour cela.
– Un supplément de combien?
– De cent vingt francs. Et vous avez dû passer plusieurs coups de téléphone, car la note de téléphone s'élève à cent trente-cinq francs.
– Oui, c'est vrai, j'ai appelé ma femme deux fois hier soir.
– Et finalement, le petit déjeuner, ça coûte trente-cinq francs.
– Mais je n'ai pas pris de petit déjeuner. Je n'ai pas eu le temps ce matin.
– Oh, excusez-moi, alors je changerai ça, donc le total à payer, c'est en fait six cent cinq francs. C'est bien ça, oui?

3 Regarde ces photos. On les a prises le jour où on a fait une excursion à Douarnenez. En arrivant, nous sommes allés directement à la plage, mais comme tu vois, il faisait assez gris au début, alors nous n'avons pas mis de maillot de bain. On a grelotté un peu. … Alors, là, nous voilà en train de nous réchauffer un peu. Finalement, nous avons décidé de quitter la plage, et d'aller acheter des cartes postales … ça c'est moi devant le magasin de souvenirs. Plus tard, il a commencé à faire plus beau, alors les garçons ont mis les pieds dans l'eau, pendant que … Sylvie et moi, nous sommes allées chercher des crustacées dans les rochers. A la fin de la matinée, il faisait beaucoup plus chaud et nous nous sommes allongés sur le sable.